编辑工作与出版人才培养探索

张文忠 朱 军 著

上海大学出版社
·上海·

图书在版编目(CIP)数据

编辑工作与出版人才培养探索/张文忠,朱军著. —上海：上海大学出版社,2021.6(2022.1重印)
ISBN 978-7-5671-4272-5

Ⅰ.①编… Ⅱ.①张… ②朱… Ⅲ.①编辑工作-人才培养-研究-中国②出版工作-人才培养-研究-中国 Ⅳ.①G23

中国版本图书馆 CIP 数据核字(2021)第 123162 号

责任编辑　贾素慧
封面设计　柯国富
技术编辑　金　鑫　钱宇坤

编辑工作与出版人才培养探索

张文忠　朱　军　著

上海大学出版社出版发行
(上海市上大路 99 号　邮政编码 200444)
(http://www.shupress.cn 发行热线 021-66135112)
出版人　戴骏豪

*

南京展望文化发展有限公司排版
江苏凤凰数码印务有限公司印刷　各地新华书店经销
开本　90mm×1240mm　1/32　印张 6.75　字数 151 千
2021 年 7 月第 1 版　2022 年 1 月第 2 次印刷
ISBN 978-7-5671-4272-5/G・3342　定价　48.00 元

版权所有　侵权必究
如发现本书有印装质量问题请与印刷厂质量科联系
联系电话: 025-57718474

目　录

编辑的 N 个视角 …………………………………………… 001
作者资源与编辑核心竞争力的提升 ………………………… 009
编辑改稿的三个境界 ………………………………………… 015
编辑的底色是文化追求 ……………………………………… 019
浅议出版物的内容与渠道之争 ……………………………… 024
学术图书的出版与文化创新 ………………………………… 029
编辑加工是提高辞典质量的重要环节 ……………………… 034
再创造　高质量
　　——写在《教育大辞典》(增订合编本)出版之际 ……… 045
以市场为导向的出版之路 …………………………………… 051
图书出版以市场为导向的利与弊 …………………………… 058
对出版业供给侧改革的思考 ………………………………… 064
论学术期刊编辑的大数据思维 ……………………………… 070
编辑的职业倦怠和自我调适 ………………………………… 078
高职院校数字出版专业人才能力层次结构探究 …………… 087
基于胜任力模型的数字出版人才培养优化探究 …………… 095
数字出版专业能力培养的敏捷式教学模式探析 …………… 106
高职院校数字出版专业人才培养模式探究 ………………… 117

高职院校人才培养中的校企合作协同层次模型设计………… 127
高职产业学院协同创新机制内涵与建设路径探析………… 139
我国数字出版专业技术人才需求现状调查研究…………… 149
基于能力层次结构理论的职业教育"中高本贯通"教学衔接
　　探究………………………………………………………… 160
基于"三螺旋"理论的数字出版技术技能型人才培养机制创新
　　探究………………………………………………………… 170
产教融合背景下数字出版应用型人才社会化培养探究……… 180
媒体融合视阈下高校出版人才培养模式研究……………… 191
职业教育本科层次数字出版专业建设探索………………… 200

编辑的 N 个视角

编辑作为一种工作,是以生产精神产品为目的,策划、组织、审读、评价、选择、优化文化作品的行为;编辑作为一种职业,是指编辑人。此外,编辑也是一种著作方式,还是一种职称的等级。笔者这里所指的编辑,既可以理解为编辑工作,也可以理解为编辑人,更确切地说,是指编辑人的编辑工作。

众所周知,衡量编辑工作的成效,主要是看所编辑出版的作品,是否具有社会效益和经济效益。也就是说,"两个效益"是我们编辑工作的出发点和最终归宿。要具有"两个效益",不仅取决于文化作品的创造者,也取决于"为他人作嫁衣"的编辑的默默无闻的辛勤劳动。编辑根据市场和读者的需要,主动策划选题,或者是审读、评价、选择作者主动创作的作品,或者是对作品进行优化的编辑加工,都要以作品的"两个效益"为准则。"两个效益"可以看作指导编辑工作的两个比较"宏观"的视角。

所谓编辑的视角,就是编辑过程中看待作品、处理作品的角度,它是编辑人世界观、价值观、知识结构、思维方式、职业素养等各种综合素质的体现。但仅仅有"宏观"的视角还是远远不够的,它必须细化为对编辑工作更加具有实际指导意义的 N 个视角。就笔者多年的实际工作体会来说,这 N 个具体视角主要由以下 6

个方面构成。

一、编辑的读者的视角

　　读者是出版物最终的消费者,出版物质量的高低、优劣,主要是看它是否满足了读者的高尚的精神需求,在多大的程度上满足了这种需求,读者能从出版物中获取知识、信息,或者能得到娱乐和休闲。不受读者欢迎的出版物,不管作者或编辑花费了多少心血和劳动,最终都逃脱不了重新化为纸浆的悲惨命运。近年来,出版企业大量的图书库存积压,其中的一个重要原因就是编辑工作缺乏读者的视角。

　　读者的视角应该贯穿于编辑工作的始终。编辑策划选题前,首先要有准确的定位,明确未来出版物的读者群。其次是了解、掌握该读者群的阅读需求、阅读习惯,它决定了出版物的内容选择和表现形式。例如,同样是环保题材的书,给专业人士阅读,要强调作品的学术性;给一般大众阅读就要重视其趣味性和通俗性;给儿童阅读,就要图文并茂、深入浅出。同样是一本高等数学的大学教材,给本科生用的还是给专科生用的,文科生用的还是理科生用的等,内容的选择都是不同的,需要准确定位。编辑人甚至还要了解特定读者群的经济状况,它影响着出版物的装帧形式和定价策略。读者对象如果主要是高收入的白领,书籍装帧得豪华些,价格定得略高些也无妨;但如果是以退休老同志为主要读者群,则书价必须尽量便宜。对于作者自主创作的作品,审读后决定取舍的一个主要标准,也是看它是否有读者群,是否受读者欢迎。编辑人策划、审读作品,千万不可像在书斋里做学问那样,以个人的主观判断当作策划书稿、取舍来稿的标准。作者创作作品时可以比较自我,但编辑在工作过程中,心中必须时刻装着读者。编辑是作者与读者之间的桥梁,编辑对作品的修改、优化,甚至要求作者作比较大的改动,主要是从读者的角度出发的。编辑阅书无数,相对于作者来说更了解读者,从某种意义上说,也称得上是一个"专业"的读者。笔者在多年的编辑实践中,当与作者讨论作品的修改时,常常是以"如果我是一个读者的话",希望如何如何,这时作者很容易接受编辑的修改意见。了解读者的需求,有很多途径。分析已出版图书的市场销售情况,对读者进行问卷调查,去书店站台,与读者面对面沟通,等等。有时,只要站在读者的角度换位思考一下,很多问题就能想明白。一切为读者着想,应该是编辑的重要视角。

二、编辑专业的视角

编辑工作是一项专业性很强的文化工作,编辑人不仅要把好政治关、思想关,而且还要遵循编辑工作的特殊专业要求。作者的作品,不经过编辑过程,就不可能成为正式的合格出版物。我国的法律不允许作者自行印制作品广泛传播,因为作为上层建筑的精神产品,它影响着人们的价值观念、思想信仰和政治立场,具有明显的意识形态属性。国务院颁布的《出版管理条例》第二十六条,规定了任何出版物不得含有包括反对宪法确定的基本原则,危害国家统一、主权和领土完整,宣扬邪教、迷信等在内的10个方面的内容;第二十七条规定了出版物不得含有诱发未成年人违法犯罪和妨碍其身心健康的内容。这是编辑人在出版工作中必须守住的政治底线。我们的出版物必须以科学的理论武装人,以正确的舆论引导人,以高尚的精神塑造人,以优秀的作品鼓舞人,不断培养和造就一代又一代有理想、有道德、有文化、有纪律的社会主义新人,在建设有中国特色社会主义的伟大事业中发挥有力的思想保证和舆论支持作用。

编辑的专业工作还要求对审稿后决定采用的书稿等作品,按照出版工作的要求进行检查、修改、润色、标注、整理、提高。要检查作品的知识性和科学性。尽管允许不同的学术观点百家争鸣,但已有定论的科学真理不得随意歪曲;作者的新观点是否有充分的论据支撑,论证过程是否合理。要对原稿的语言文字进行规范,对错字病句加以修改,对疏漏之处加以弥补。要对作者引用他人的著述文字加以核对,特别是引述革命领袖和导师经典著作的引文。要对原稿中有疑问的数字、时间、地点、人物、事件、公式、计量单位等资料性内容进行核实。要对原稿的章节标题、插图表格、引文与注释、名词术语等等,统一体例。总之,要以编辑专业的视角,对作品加以处理,使之符合出版要求。

三、文化的视角

出版活动是保存文化、传承文化、创造文化的活动,出版物是积累和传播文化成果的主要载体。因此,编辑工作要有文化的视角。编辑人要坚决抵制腐朽、落后的文化作品的出版,即使作品迎合了一些读者低级趣味的需求,能带来一定的经济效益。无论是选题的策划、稿件的取舍,还是编辑加工整理时对作品的修改,都要以代表先进文化前进的方向为标准。对于古今中外一切优秀的文化都要加以继承和传播,以繁荣出版物市场。中国有 5 000 年文明史,历史上有许多文化资源可以挖掘、整理、出版,在编辑过程中要特别注意清除封建糟粕的内容。在当前国学热的背景下,编辑人务必保持清醒的头脑。同样,对于外国的文化资源的引进,也要有文化辨别的慧眼。

编辑的文化视角,更高的要求是重视出版活动过程中的文化创新和创造。编辑人要善于通过选题策划,来组织和引导作者的文化创造和创新活动。在审读、选择作品时,要积极发现、鼓励新的思想、理论、观念,千万不要让那些有新思想、新观念,与现行"正统"的理论相冲突,与人们的"常识"相违背的内容的书稿,"扼杀"在"摇篮"中。当前文化的大发展、大繁荣,意味着在文化继承的基础上,要有新的创造。编发有文化创新内容的书稿,编辑有时会冒一点风险,它需要编辑有较高的政治素养和学术素养,有坚持真理的勇气。

四、市场的视角

出版物是精神生产活动的成果,承载着精神文化内容,具有精神产品的属性;同时出版物作为一种物质形态的产品,在商品经济条件下,它又是一种可用于交换的商品。出版物作为一种文化产品,它所承担的传承文化、传播文化、创新文化,满足人民群众的精神文化需求的功能,只有在实现了市场销售之后才能实现。编辑的市场视角要求我们着眼于出版物市场销售的最大化。

如今,国家除保留少量公益性出版机构为事业单位外,所有经营性出版单位全部由原先的事业单位改制为企业,独立面向市场,自负盈亏。出版物作为出版单位的产品,必须追求最大程度的市场销售，才能获取更多的经济利润，出版单位正常的经营活动才能更健康地运转，企业才能不断地发展壮大，才能提高生产更丰富、更优质的精神产品的能力。从另一方面来看，就某一种对读者健康有益的出版物而言，其销量越大，社会效益也就越明显。在这里，社会效益与经济效益是完全一致的。

市场的视角同样应体现在编辑活动的各个环节。例如在确定选题时就必须回答这样几个问题：(1) 为谁出版？即确定目标读者群；(2) 为什么出版？即明确出版物满足了读者什么样的需求；(3) 目标群体的规模有多大？即弄清出版物的潜在市场有多大；(4) 目标群体会不会购买？即从产品本身找到被读者购买的理由，这涉及读者需求的迫切性以及与同类出版物比较所具有的优势等。在编辑加工和制作阶段，要分析同类书在市场上的表现，其内容及呈现形式有什么长处或软肋，以便对内容作取舍，对版式、开本尺寸、用纸、装帧形式、定价等作改进，使之更适应市场的需要。出版物推向市场后，要找准亮点、卖点，做好宣传推广的营销和服务工作。

五、美学的视角

读者购买图书、杂志等出版物，当然首先是因为其内容，是字里行间所承载的知识、信息，但谁又能否认，那些装帧精美的出版物更能吸引我们的眼球；手捧一本装帧精美的图书更能给我们带来愉快的阅读体验；同样内容的图书，装帧是否精美，会直接影响其市场销售。图书的精美体现在封面、版式、插图、装订形式以及用纸、印刷工艺等多个方面。上海出版局领导、中国最美的书评委会副主任祝君波先生曾说过：图书的装帧是如此的重要，以至于装帧本身也成为内容的一部分。

编辑的美学视角要求在编辑过程中，不仅关注内容，也重视其呈现形式。要根据图书的内容和读者对象，对图书进行艺术设计，达到内容的美和形式美的和谐统一。编辑要有美学的基本知识，要有欣赏美、评价美的能力，还要熟悉各种纸张的特性，各种印刷工艺、油墨所能产生的艺术效果。文字编辑与装帧设计的美术编辑要交流合作，共同确定设计方案。出版物的装帧精美，也不完全等同于工艺的复杂和用料的豪华，它取决于不同的图书内容和读者对象，以及读者对象对价格的承受能力。

六、作者的视角

这是编辑最容易忽视的视角。作者的视角要求编辑处理作者创作的作品时，首先对作者、对作品有尊重、敬畏之心。作者创作作品，是一种创造性的劳动，要花费大量的心血和汗水，字字句句都经过深思熟虑。编辑切不可因作品存在问题、不足而否定其总体价值。其次在修改作品时，不能凭个人爱好和表达习惯，随心所欲地修改，而是必须在读懂原稿的基础上，还要站在作者的立场上，弄清作者想表达的意思，确定有错误再斟酌修改。对于比较大的改动，事后要请作者确认、同意。当编辑提出请作者作比较大的修改时，作者往往会提出不同意见，这时编辑不是要马上想方设法去说服作者，而是应该先耐心倾听作者的解释，再加以沟通、交流，最终达成一致。

除了上文提到的读者的视角、编辑专业的视角、文化的视角、市场的视角、美学的视角、作者的视角，编辑的视角还有政策的视角、传播的视角、学术引领的视角、教育普及的视角、休闲娱乐的视角等N多个视角。这表明编辑工作需要从多角度、多方位，全面、综合地思考、处理问题，只注重一点不及其余，就可能一叶障目不见泰山，甚至犯盲人摸象一样的错误。只有多角度地从事编辑工作，我们才能为读者提供更多的，既具有社会效益又具有经济效益的优秀出版物。

（张文忠，发表于《出版与印刷》2015年第1期）

作者资源与编辑核心竞争力的提升

每年年底,出版社的一项最重要的工作就是制定来年的出版计划。翌年的工作有什么亮点、在什么时间节点上有什么重点图书出版、全年要出版多少品种,甚至预计明年能取得什么样的社会效益和经济效益,等等,从某种程度上说,全都取决于这个年度出版计划。年度出版计划包括重印的图书品种,但最主要的内容是确定新版图书的品种。受到以移动互联网为代表的新媒体的冲击,单种图书的销售量正逐年下降,各家出版社只能通过不断增加出书品种,才能完成全年的销售指标,从而实现预定的经济效益。这对于已经实现转企改制的出版社来说,至关重要。于是,争夺选题,争夺作者,更确切地说,就是争夺出版资源,就成了各家出版社竞争的焦点。

一家出版社的出版计划依赖于各编辑室的计划,而各编辑室的计划又是建立在每位编辑所确定的选题之上的。每逢此时,老编辑们常常是未雨绸缪,早已把自己来年的工作安排得妥妥帖帖,从书名到内容,从选定作者到确定交稿时间,从发稿到出书日期,早已一一落实,面对编辑室主任的工作布置,是胸有成竹。与此相反,缺乏人脉资源的新编辑,此时却总是愁眉苦脸,忧心忡忡,在所认识的有限的几个作者中一圈联系下来,也未能找到一个满意的选题;或者是苦思冥想,好不容易想到一个选题,但又找不到合适的作者来落实。此时,心情的沮丧可想而知,一年一度出书计划的制定,成了新编辑难以逾越的一道坎。与新编辑相比,老编辑的从容淡定,一个重要的因素就是,老编辑有丰富的作者资源。

编辑的劳动对象是作者的书稿,而书稿是由作者创作的。不管编辑是被动地选择作者的作品,还是主动地策划选题,再去物色合适的作者,总之,编辑的工作是建立在作者的劳动成果之上的。也可以说,编辑是离不开作者的。没有作者的作品,编辑就是有再高的编辑水平,再强的策划能力,也"烹调"不出读者所能享用的精神"大餐"。

编辑的工作,概括地说,一是选择或策划选题,二是编辑加工书稿,三是营销、推广图书。在笔者进入出版行业的相当长的一段时间内,编辑的能力主要体现在案头工作上,也就是处理书稿的能力上。因为20世纪80年代我国图书的生产能力有限,图书的出版尚未告别"铅与火"的时代,全国每年出书仅数万种,出版社有大量的自投稿,一般作者要想出版一本书,十分不易。仅从时间上来看,作者在作品完成后交出版社,一般翌年图书才能面世。作者作品的生产能力,与出版社的图书生产能力相比,是非常充裕的,也就是说,编辑的稿源是非常充足的。同时,读者对图书的需求也十分旺盛,图书一上市,销售数万册,也是稀松平常的事。因此,对编辑来说,确定选题并不困难,加上几乎每种图书都有不俗的销售业绩,因此编辑工作主要就体现在编辑加工上了。如今为选题和经济效益指标压得喘不过气来的编辑,谈起当年的情形,唏嘘不已,有恍若隔世之感。

现代科学技术,给出版业插上了腾飞的翅膀,现代化的排版、印刷技术,使得图书的生产能力大幅度提高,然而,作为"原材料"的作者的书稿,这种需要花费大量心血和智力劳动的精神产品,不可能像现代生产流水线上的产品,被大量生产出来,因此,优秀的作者、优秀的作品,就是各家出版社竞争的最重要资源,是否拥有丰富的作者资源,就成了编辑最核心的竞争力。

那么如何才能积累起自己丰富的作者资源,打造自己的核心竞争力呢?据笔者近30年的编辑工作经验,以下3点体会可同大家分享:

一是要关注学术界的动态,广交学术界朋友,从中发现作者、培养作者。编辑大都是在自己的专业范围内编辑出版图书,该专业的学者们都在研究些什么问题?该专业国内外有哪些顶尖的学者?有哪些青年学者正崭露头角?总之,是对相关专业"圈内"之事,要了然于胸。怎么做到这一点?关键是关注学界动态,广交学界朋友。途径有许多,比如积极参加相关的学术会议和活动,在会议和活动中结识作者;通过朋友介绍,主动上门拜访交流;阅读某作者的书籍和文章后,通过互联网取得联系,交流心得体会;等等。青年编辑要想积累起自己的人脉资源,必须要做有心人,要在各种场合,主动介绍自己,主动去结识朋友,其中可能就有自己未来潜在的作者。

笔者从事编辑工作,主要出版教育理论、心理学以及人文社科类的大学教材,经过近30年的积累,可以说是结识了一大批圈内知名的学者、教授,而且关系十分密切。有了广泛的作者资源,一方面是一旦他们正在做某个项目,准备形成某项成果,就会主动与笔者联系;另一方面,当笔者策划某个选题,很快就能从自己的作者库中找到合适的交流者和撰稿人。

有一点想强调的是,在寻找选题、发现作者的过程中要注意培养新人。他们可能名声还不大,作品也不完美,但却有闪光点,通过沟通交流,对作品加以修改,完全有可能成为一本有社会效益或经济效益的出版物,这就需要编辑有一双善于发现的慧眼。作者非常在意自己的第一部作品,经过与编辑的精心合作,成功地推出了自己的处女作,这样的作者就有可能成为编辑永久的朋友,并再度成为作者。当今教育界有名的数位学者,其第一本专著是经笔者编辑加工出版的,日后他们都成为笔者最要好的朋友,给了笔者工作上许多的帮助。

二是要不断学习,丰富提高自己,努力成为作者的知音。要交一大批作者朋友,必须要与作者有共同的语言,当然主要是在作者研究的领域内,与作者能够对话、交流,在作者写作书稿的过程中,既能肯定作者创新的观点,也能提出不同的意见,还能够从读者的角度,从出版社规范的角度,提出具有建设性的意见。一旦被作者视为自己创作过程中的知己,那么这样的作者已牢牢地掌控在编辑的手上,任何其他的编辑或出版社,即使开出多么优惠的出版条件,都是很难挖走的。

人们常说,编辑是杂家。因为编辑处理的书稿,常常要涉及多个学科领域,比起某方面的专家来,虽然知识的深度不及专家,但知识面却要宽广得多。常年审读各类书稿,编辑积累了大量丰富的多学科知识。然而,仅仅满足做个杂家还是不够的,编辑至少要在自己主要的出书范围内,努力成为半个专家。这是成为作者知音的一个重要条件。因为只有成为半个专家,才有可能与作者有比较深入的思想交流,才有可能对书稿提出能被作者所认同的修改意见，才能对书稿的内容做出正确的判断的修改。要成为半个专家，需要编辑不断学习，而且要追踪学科的发展，特别是要与作者保持经常的联系，关注作者的学术研究动向。这一点对于做学术类图书的编辑尤为重要。

要成为作者的知心朋友，还要善于发挥自己知识面宽、了解图书市场和读者需求的优势，主动为作者策划选题。就像催生婆一样，把孕育于作者头脑中的作品，以某种形式某个专题作为载体，催生出来。或者是像导演一样，按照读者的需求，组织一位或多位作者，共同完成某个作品。在此过程中，实际上编辑与作者已成为作品的共同创造者，这样的经历能使编辑与作者结下非同寻常的友谊。

三是一丝不苟地处理书稿，赢得作者的尊重。当编辑室主任时，我常对青年编辑说，当你编辑出版了一本书，与作者合作过了一次，你的工作是否有成效，不能只看你编辑出版的书取得了怎样的社会效益和经济效益，从长远来说，还要看你同作者合作得怎样，作者对你的辛勤付出有什么评价。作为编辑，要积累起丰富的人脉关系，就要能够做到，只要某位作者与你合作过一次，那么当他再要出版作品时，第一个想联系的编辑就是你。要让每一位与你合作过的作者，对你的人品，对你的专业水平，对你的工作态度，都留下深刻的印象。

真正做到了上述这些，编辑还会为找不到选题、作者发愁吗？但真要做到这些，确实还不是一件容易的事。首先，处理书稿要一丝不苟，认真负责，哪怕是一段引文的核对，一个标点符号的错用，都不放过；其次，要有较高的语言文字水平和专业水平，也就是前文提到的，至少是半个专家，能指出书稿中的各种错误，并作出为作者认可的正确修改，经编辑处理过的书稿，质量确实有较大提高；三是对图书出版的每一个环节，都要精益求精，从形式到内容，从用纸到装帧，比作者想得更周到；四是耐心细致的服务，对作者提出的各种合理要求尽量满足，不厌其烦，即使对一些不合理的要求，或一时难以满足的要求，也要耐心解释，取得作者的谅解。曾有某知名教授，在专业上很有造诣，出版的专著、教材很受读者欢迎，并屡获奖项。只是在与编辑的合作过程中，常会提出各种合理或不合理的要求，又不太听得进编辑的意见。结果常常是：书出版了，与编辑的关系也搞僵了。在与笔者的合作过程中，笔者以真诚的态度、耐心细致的服务、认真专业的工作，得到了该教授的认可。当他手捧编辑付出大量心血和汗水的、装帧精美的图书，对这段合作给予了非常高的评价。后来，该教授成了笔者的"铁杆"作者，他的多本专著、教材，经笔者编辑加工，推向市场，取得了较好的社会效益和经济效益。

记得笔者刚入行时，一位老编辑曾对我说过，一个称职的编辑，寻找选题、策划选题的意识，应该贯彻在每一天的工作中，要做到手上有处理中的书稿，外面有作者撰写中的书稿，脑子里又在策划着新的选题，酝酿着新的书稿。换句话说，就是有源源不断的书稿来到编辑的手上，最后变成一本本精美的图书，图书被源源不断地推向市场。我想，只要积累起了丰富的作者资源，这一点应该是能做到的。

(张文忠，发表于《出版与印刷》2014年第4期)

编辑改稿的三个境界

笔者是20世纪80年代进入出版社的。当时研究生毕业,在编辑队伍中算是凤毛麟角。第一次参加全社大会,总编辑隆重介绍新人,显得非常器重。放弃做大学老师和去国家机关的机会,向往的是终日与书为伍的快乐。当时的编辑社会地位很高,非今日可比。做编辑,也是为了满足一点点受人尊敬的虚荣心。

记得第一次处理室主任交办的书稿,内心有些激动和忐忑。那是一本大学老师写的专著,厚厚的一沓手写稿(那时电脑只有大学和科研机关才有),字迹端庄工整,可见作者写作态度的认真。我是带着一种崇拜和神圣的心态开始编辑加工的。当我一口气读了十几页,竟一字未改,心里只是盼望能发现一两个错别字,能在稿子上留下红色的笔迹,否则怎么能证明我编辑加工过了呢?不敢改,即使觉得有不妥的地方,也会怀疑是自己判断有误;或者是不知如何改。一想到自己改动的文字会变成铅字(当时还是铅排)印在书上,总是不自信。现在回想起当时的情形,真是有点滑稽可笑。

如今,我已在编辑岗位上工作了近30年。从风华正茂的小伙子,变成了年过半百的老头,背驼腰粗,老眼昏花。算起来,也是"编著(编过的著作)等身"了。在年复一年的编辑书稿的过程中,改稿经历了不敢改、不知如何改,到随意轻松地改,再到小心慎重地改3个阶段,也可以说这是改稿的3个境界,算是我几十年工作中悟出的一点心得体会。

古人讲读书有3种境界,即"昨夜西风凋碧树,独上高楼,望尽天涯路","衣带渐宽终不悔,为伊消得人憔悴","众里寻他千百度,蓦然回首,那人却在、灯火阑珊处"。那是一种经过艰苦努力,经过量的积累后产生的质变过程,是从低级走向了更高的层次。与此相仿,改稿的3个境界,也是一个从量变到质变的过程。只能从一本本书稿的处理中,通过经验的积累和自己的体悟,才能从第一层次提高到第三层次。

最初的不敢改,究其原因可能是对作者有一份崇敬,对书稿有一份敬畏。长期以来,我们所获取的知识,很大一部分是从书本上得来的。于是我们对印成书的文字,对书写这些文字的作者有一份特殊的感情;书上的内容都是正确的成了我们的一种思维定势;作者的形象在我们的心目中是高大的;这些情感和认知很自然地也迁移到了书的"前世"——书稿上。至于不知如何改,可能是自己的知识水平有限,也可能是尚缺乏编辑的专业训练和具体操作实践。随着"编龄"的增长,加上自己的努力学习,老编辑的传、帮、带,第一个阶段很快会过去。

在编辑岗位上干了几年,从新手变成了熟手、老手,改起稿来已驾轻就熟。一本一本书稿修改的实践,使得我们养成了职业的习惯——挑错。拿到一本书稿,满眼看到的是各种各样的差错:体例、结构不合理;语言、文字不规范;论点有失偏颇,论据不充分;引文有缺漏,凡此种种,总之是不能令人满意,只能挥动大笔,改!改!久而久之,书稿在编辑眼中,充其量只是一堆有待加工成产品的原材料,只占书稿百分之几的错误,在编辑心目中被无形放大了,对作者的敬佩之情早已消解得无影无踪。确实,经过编辑的修改加工,最后成书的作品,质量有了大幅度的提升,编辑的辛勤劳动功不可没。但是,在驾轻就熟、随意轻松地改稿的过程中,也往往会过于自信,在改正错误、统一规范的同时,也把作者创新的观点磨平了,语言的风格改没了,甚至因为编辑的知识有限,把原来正确的改错了。能够做到随意轻松地改稿,相对于不敢改、不知如何改,确实是前进了一大步,上了一个层次,但我以为,如果对满纸都是红笔改动的字迹而感到洋洋自得,那就大错特错了。

虽说编辑是杂家,但毕竟不可能什么都懂,万宝全书还会缺个角。而且编辑也不是专家,知识的深度不够。对一些学术专著,或者是涉及自己不太熟悉的内容,千万不能妄自尊大。对长期以来形成的关注点只在书稿错误上的职业习惯,也应该有清醒的认识。其实大多数摆到编辑案头上的书稿,选题是经过出版社论证过的,作者交稿前也是反复修改过的(不否认也有不严谨的作者),因此其具有出版价值是第一位的。我们不能不看到书中那闪光的思想,精辟的论述,优美的语句,更重要的是作者创造性的劳动。瑕不掩瑜,我们只有透过书稿中存在的这样那样的问题,看到书稿的整体价值,真正理解和读懂了书稿,才能在改稿时对书稿保持一份敬畏之心,对作者保持一份尊重,对每一处的修改都是三思而行,改之有据,而不是自以为是,随心所欲,轻易下笔。所以,编辑改稿应该慎重。

如今,出版社已是面向市场的企业,市场经济对编辑提出了扮演各种角色的要求,如策划、营销等等,但改稿仍是编辑的基本功。要保证和提升出版物的质量,编辑必须静得下心来,钻进书稿里,改稿、磨稿。编辑要不断学习新的专业知识,不断向有经验的老编辑学习,不断在改稿过程中总结、反思、体悟,这是一条提高编辑改稿水平的必由之路。

(张文忠,发表于《出版与印刷》2014年第3期)

编辑的底色是文化追求

不久前,我去看望一位共事多年、现已退休在家的老编辑。我们很自然地谈起编辑工作、图书市场以及与出版工作相关的人和事。在临别前,老编辑神情有些黯然,幽忧地对我说,自己从事编辑工作 20 多年,如今想起来最大的遗憾是没有什么书留得下来。他的话给我以很大震动。这位老编辑,当年在出版社也算得上是位"标杆"式人物,做中小学教材、教辅,年年都是社里的创利"大户",年终奖总是名列前茅,经常被评为先进职工。然而这一切早已烟消云散,如今他内心真正渴望的是能有几本有价值的好书立得起来、传得下去。从事编辑工作数十年,当有一天离开这个岗位时,曾经看重的发行量、码洋、利润,都会消失得无影无踪,唯一能留下来的是有生命力的、有文化价值的、能代代相传的好书!

2015 年上海书展,我陪同校领导去看望在书展实习的学生,顺便也参观一下书展。当在我曾经工作过的出版社展位前停留时,我看到 10 多本由我策划或者责编过的图书,陈列在书架的显眼位置,心中的成就感油然而生。在如今"年销书"充斥图书市场的情况下,自己几年前编辑的图书还能在书展上占有一席之地,至少说明这些图书是有一定文化含量的,是仍为读者所需要的,而不是应景之作。如果再过 5 年、10 年,经过时间的淘洗、筛选,自己从事编辑工作所编辑的众多图书中,还能有几本留得下来、传得下去,这将是对我最高的奖赏。

我国著名出版家赵家璧有本著作,书名叫《书比人长寿》。这是 20 世纪 80 年代美国著名学者费正清给作者回信中的一句话,作者非常喜欢这句话,引为至言。其实,这句话也是作者本人的真实写照。因为他一生编了许多可以世世代代流传下去的"长寿"之书,比如《中国新文学大系》。目前,我国每年出书品种达 40 多万种,其中究竟有多少种书能够比人"长寿"?笔者以为恐怕不会太多。一本书能不能"长寿",关键是它有多少文化含量。

一段时间以来,业内出版社或者出版集团,总是凭产值、利润排座次,而不是看出版了多少有文化传承价值和影响力的好书。文化味越来越淡,金钱味越来越浓;出书品种越来越多,高质量的图书越来越少。产业做大了,集团发展了,但这与文化大发展、大繁荣的建设目标常常是南辕北辙。被经济指标捆住了手脚的编辑,不少人眼中也只剩下了发行量、码洋、利润。急功近利的出版环境,一方面是容不得编辑数年磨一剑,静下心来做一些虽不能产生多少经济利益,却对文化积累、文化发展具有重要意义的大选题,否则年终奖怎么着落?另一方面,编辑本身在经济效益的尺子面前,也早已失去了耐心,甚至于职业的自豪感、自信心也产生怀疑。当初投身于出版业的文化情结,在现实面前是渐行渐远。没有文化内涵作支撑的图书,成为"年销书",成为过眼烟云,也就不足为奇了。

诚然,从编辑职业的内涵来看,编辑工作既要体现出对文化本体的选择、规范、优化要求,又要考虑其作品的广泛传播、广而告之,还有从收益和成本的角度考虑利润,也就是既要坚守文化责任,又要符合产业效益要求。但我们必须承认,在市场经济的条件下,两者之间的完全契合是相对的,既有经济效益又有社会效益的好选题,是我们编辑孜孜以求的,得之不易。当两者不能完全统一时,我们还是应该站在文化建设的高度来决定取舍。

一部分图书产品还有一个特点,就是其经济效益、社会效益的检验,也可能会滞后相当长的时间。比如,爱因斯坦《相对论》的出版,其科学价值和社会效益,是随着时间的推移才慢慢体现出来的。某种年销量不大却有强大生命力的长销书,其经济效益也只能在未来体现出来。因此,编辑在确定选题、审读书稿,出版社在制定考核标准时,都不能只看眼前,没有长远眼光。只有把握住编辑出版最核心的、最本质的因素——文化积累、文化传播、文化创造,编辑出版工作才不会迷失方向。

当好一名编辑,能编出"长寿"的好书,需要具备多方面的素质,比如思想政治水平、职业道德、学科专业知识、编辑岗位技能等等,但笔者认为,编辑的底色是文化追求,也就是要有文化的意识、文化的情怀以及文化创造的能力,才有可能成为一名好编辑。

文化的意识要求编辑把自己的工作首先看作是传递民族和人类文明圣火的工作,是选择、传承、优化、传播人类文化成果的工作,是文化化人的工作。有没有文化价值,是我们确定选题的首要标准;是文化糟粕还是文化精粹,这是我们对图书内容加以取舍的主要依据;能不能提升读者的文化素养,对先进文化起促进还是削弱的作用,这是评价图书质量好坏最根本的标准。有了文化的意识,编辑才可能炼就火眼金睛,掂量出选题立意的高下和书稿质量的优劣;才能不为蝇头小利所迷惑,拒绝出版低俗、淫秽、迷信之作;才能静下心来,对书稿作精益求精的修改,避免出现任何文字上、标点上、逻辑上以及科学知识上的差错。

文化的情怀主要表现为,编辑在选择编辑职业时,主要源自内心的文化情结,即看重的是这是一项与文化紧密相关的工作;在从事编辑工作时,有高远的文化追求和文化理想;在经过自己文化的创造后,面对凝聚着自己辛勤劳动汗水的作品时充满精神的愉悦。编辑有了文化情怀,才会热爱自己的工作,有职业自豪感,从而耐得住默默无闻的寂寞,挡得住名利的诱惑,把自己沉浸在书稿、文字之中,把出版精品力作作为人生最大的追求;才会有强烈的文化担当意识,对选题严格筛选,对内容严格把关,作精益求精的修改、加工。

有了文化意识、文化情怀,关键还要有文化创造的能力。编辑工作是一项文化素养要求很高的专业性工作,除了熟悉相关的政策法规,具有高超的语言文字、语法修辞能力外,它更要求编辑具有宽广的文化视野,深厚的学术素养,在自己擅长的出书领域中,还要努力成为一名专家,能站在学科的前沿,高屋建瓴地与作者沟通、交流。在选题阶段,编辑的文化创造能力不仅体现在能站在文化建设的高度发现好的作品,而且体现在能够根据文化建设的需要,提出好的选题,物色合适的作者来加以完成。更多的时候,是编辑在与作者高水平的交流中,编辑将孕育在作者头脑中的优秀作品催生出来。一些集成类的大型文化出版工程,除了编辑提出选题,还需要编辑总体设计、策划、组织,发挥主导作用,可以毫不夸张地说,它是编辑与作者共同创造的作品。在编辑加工阶段,编辑的文化创造能力,主要表现在能从文化的视角,发现作品的价值,存在的问题,可改进提高之处,能够与作者通过沟通,对作品进行修改和优化。在作品面世后,编辑还要能够对作品加以跟踪,收集市场和读者的反馈意见,从文化传承、文化建设的视角,对这些意见加以分析,以便为开发新的选题提供借鉴,或者再版时修正。

编辑的底色是文化追求,并不是要求编辑不食人间烟火,也不是否定图书的产业属性,而是强调:出版产业是文化产业,首先是"文化",其次才是"产业"。千万不可本末倒置,更不可舍本求末。

(张文忠,发表于《出版与印刷》2015年第3期)

浅议出版物的内容与渠道之争

所谓出版物的内容与渠道之争,是指对一本出版物来说,是内容为王,还是渠道为王?在出版界,这样的争论一直存在。反映到出版社内部,话题变成了出版社应该是以编辑为核心,还是以营销为核心。

从文化的视角看,上述问题应该是个伪命题。众所周知,图书的出版是文化的积累、传播的过程,图书作为一种特殊的文化商品,其价值就在于字里行间所记录的人类文明和智慧的结晶。图书作为商品在市场流通,人们之所以愿意付钱购买,当然是为了满足精神生活的需要。因此,对一本书来说,内容肯定是最重要的。作为一名读者,在决定购买一本书时,最重要的考量就是图书的内容。尽管我们往往会被图书夺人眼球的封面、装帧、排版所吸引,或者是受某个圈子的影响,或者是受某篇书评的影响,选择某本图书,但在决定购买之前,一定会翻看目录、内容简介,浏览部分章节。

从历史的长河来看,经过岁月的淘选而最终留在人类精神殿堂的经典著作,无不是由于书中所记载的人类深刻的、博大精深的思想和非凡的艺术创造。我们也可以发现,某些经典著作在当时问世时并未引起市场的反响,可以说市场渠道不畅,但这丝毫不影响它的价值，不影响它对推动人类文明的进步所起的作用。

因此，我们探讨出版物的内容与渠道之争，主要是基于出版社经营的角度。在出版社转企改制之前，出版社实行的管理体制是事业单位企业管理，因此它区别于一般事业单位的最大特点就是市场化经营。到2010年底前，除保留少量公益性出版单位为事业单位外，所有经营性出版单位已全部出事业单位改制为企业，也就是说，出版社已成为真正的独立面向市场经营的主体。通过销售图书获取利润，这是传统出版社主要的经营模式。因此，关注图书的销售是出版社经营的重中之重。

出版社的销售码洋决定了出版社的利润，也决定了员工的福利待遇，从某种程度上说，也决定了出版社未来进一步的发展壮大。抢市场，保码洋，高度依赖市场；打通一条渠道，就能占领一片市场。如某种中小学教材通过某个省市的审查或招标，发行量立刻就能上一个台阶。想到一个营销点子，通过一个活动，原本市场反响平平的图书，也会带来一个销售的高潮。重视市场销售，往往可以带来即刻的效应。因此，在不少出版社内部，"渠道为王"的思想是明显占了上风。于是我们看到，出版社不舍得在挖掘新人上加大投入，不肯为一本精品力作的诞生，数年磨一剑；相反，跟风书、短命书、年销书，层出不穷，前提是只要有渠道有利润。再有就是重包装、重造势，各种营销手段无所不用其极，仿佛内容倒不是影响销售的重要因素。

确实，在一个并非充分竞争的图书市场上，有时渠道比内容重要，但我们千万不可放弃对内容基本的要求。举一个例子，笔者曾接手市场营销部门交办的书稿，是某个省应景教育创新的一本中小学教师培训教材，该省教育行政部门会包销几十万册。营销部门看到是销售码洋、利润,而笔者更关注的是图书的内容与质量。营销部门通过社领导压任务、催进度,限时限刻要出版;社领导也暗示,内容没有大问题即可。但笔者审读书稿后发现,该书无论是逻辑结构、章节的安排,还是内容的选择上,都达不到出版要求。如果勉强出版,虽然不影响销售码洋和利润,但对抽出宝贵时间参加培训的中小学教师而言,是极不公平的。后来经过据理力争,笔者把参与编写的几个作者请来上海,当面交流,重新拟定框架、结构,重新修改。最后虽推迟了出版时间,但保证了质量。

由于渠道对图书销售的重要性,编辑对内容的发言权,常常在渠道面前变得十分微弱,这应该引起我们高度的警惕。举一个出版社与民营书商合作的实例来加以说明。中国民营书商的第一桶金,往往是从做中小学教辅当中挖取的。笔者原先所在的出版社是一家老牌教育类出版社,所出版的中小学教辅,质量明显高于民营书商,但终不敌民营书商灵活的营销手段和敏锐的市场嗅觉,市场占有份额节节下滑。于是社领导在无奈之下,只能选择与民营书商合作。教辅选题由书商提供,并完成组稿;出版社负责审稿,出版,获得名义上的销售码洋,并获取少得可怜的利润。在合作的过程中,编辑对该类教辅的质量强烈不认可,提出许多修改意见;然而民营书商凭借其强大的销售渠道,对编辑提出的意见常常是置若罔闻,只同意修改明显错误的内容。结果编辑们是怨声载道,认为此有损出版社的品牌,最后合作很快中止。近些年,不少出版社在与民营书商的合作过程中,由于过分看重了销售渠道,而忽视了对内容的严格把关,最终还是犯了规,翻了船。

在图书市场,不乏靠炒作而取得巨大销售成功的案例。相比于内容,营销的手段似乎更加重要。当年科利华教育软件集团斥巨资营销《学习的革命》一书，一年售出800多万册，这种销售业绩是完全不可能从图书内容本身来解释的。这就像股票市场上的股票，未必质地优良的股票价格就高，连连亏损的股票，价格也能飞上天。更何况，当我们拿到一本图书，不经过认真深入地阅读，对其内容质量的高下，是很难做出判断的。同样内容的图书，在某些出版社只能销几千册，而到了某些民营公司那里，就能发几万册；在这家出版社只能发几千册，而在另一家出版社就能发几万册。由此看来，渠道经营攸关成败。

在某些存在权力干预的图书市场，渠道的作用表现得更加明显。比如中小学教材教辅市场，各地教育主管部门或多或少地存在地方保护主义，要想打开一片新的市场，公关可能比图书的质量更有效。某些由行政部门用公款订制、包销的图书，渠道的作用不合理地远远大于内容。笔者曾长期从事高校教材的出版，要想打开市场，教材为多所高校采用，一方面严把教材的质量，另一方面市场营销的重要性绝对不逊于教材的质量。

强调渠道经营重要，并不意味着可轻视内容。没有好的内容，再强大的营销手段，有时也不能奏效。以《哈利·波特》作者罗琳的新作《临时空缺》为例，在上市前，出版方沿用《哈利·波特》全球销量4亿册的营销方法，但最终效果不佳，才上市一周，就跌出亚马逊畅销书排行榜前三名，年销量连《哈利·波特》的零头都不到。中文本与英文本同时上市，宣传力度同样很大，但销售业绩也终难见起色。据权威人士分析，根本原因还是小说故事老套，内容没有新意。可见，内容与渠道为图书商品的双翼，缺一不可。

如今，全国各家出版社都在为日益增加的图书库存而苦恼。编辑埋怨销售部门营销不力，市场渠道不畅；销售人员责怪编辑开发的选题不适合市场,图书内容不受读者欢迎。在年终总结肯定自己成绩时,又都各自强调编辑工作的中心地位,或者营销工作的龙头地位。其实,图书的营销是建立在内容基础之上的,否则只能算是炒作,是对读者的误导。而内容好、质量高的图书也不会自动跑到读者的手上。酒香也怕巷子深,何况每年有四五十万种新书出版。只有通过卓有成效的营销手段,内容好的书才能被读者认知、接受。

(张文忠,发表于《出版与印刷》2015年第4期)

学术图书的出版与文化创新

以图书出版物的形式,积累、传承、传播文化(当然是指意识形态的文化),这似乎早已为出版人所公认,毋庸置疑。然而,人们常常忽视了图书作为文化载体所肩负的文化创新的重任。那些有新思想新观念,与现行的"正统"的理论相冲突,与人们的"常识"相违背的书稿,常常会被出版社"扼杀"在"摇篮"中。其实,文化是需要创新的。这种创新既有因文化自身的生长力而不断地对旧的文化进行扬弃,也有因外来的文化冲击而产生的文化融合。事实上,人类的文化从来也没有停止过发展和创新,否则,古今中外的一切人类文化就不可能如此灿烂,人类的文明也不可能达到今天这样的高度。由于图书出版物的种类不同,其功能的侧重点会有所区别。一般认为,现代出版业大致分为3大类:一是占市场最大份额的教育出版,它是指与学习、教育以及培训有关的出版;二是大众出版,它为人们的日常生活、休闲娱乐提供健康有益的读物;三是专业出版,它主要为专业研究者提供专门的信息。学术类图书作为探究真理,探索自然和社会的客观规律,反映科学(包括自然科学和社会科学)研究的最新成果的出版物,属于专业出版的范畴。如果说,大众出版、教育出版更多地侧重于人类文化的传承和传播,那么,专业出版,特别是学术图书的出版,就更多地体现为文化的创新。

一、学术图书出版的困境及对策

据统计,近年来,我国学术图书的出版,无论是品种、数量还是质量,都呈下降态势。有人感叹:学术图书是出书难,卖书难,买书更难。何以造成这样的状况呢?

首先,对于出版社来说,由于学术图书专业性强,读者面窄,往往很难取得较好的经济效益。一般而言,学术图书的印数大多在两三千册,如能达到 5 000 册,就算很不错了,再超过此数,那更是凤毛麟角。学术图书似乎成了"鸡肋",食之无味,弃之可惜。出版社每年都要对编辑进行经济效益的考核,除非所编的学术图书获奖,否则在经济指标的考核上很吃亏。因此,学术图书的出版难也就可想而知了。

其次,对销售图书的书店来说,与其让销量少、销得慢的学术书占据有限的展示空间,还不如将它"束之高阁",让位于读者面更广、更容易销售的其他品种。据统计,2008 年,全国 579 家出版社,共出版图书 275 668 种。为了在单位面积上产生最大的经济效益,书店更愿意销售畅销书。于是,一些新出版的学术书,只能勉强在书店"露下脸",很快就被"请"进了书库,或者被退还给出版社。那些急需学术图书的读者要想购买怎能不难?其实,除了经济的原因外,学术图书的出书难、买书难还有更深层次的原因,那就是不少所谓的学术书质量低下,没有文化创新的内涵。文化创新是学术图书的本质,也是学术图书的灵魂。离开了文化创新,学术图书就失去了出版价值和阅读价值。当前,学界的浮躁和急功近利,造成学术泡沫膨胀,不少以职称评定或为完成科研指标为目的而出版的所谓学术书,只是拾人牙慧的他人研究成果的展示,既无新的观点、理念,也无新的材料、论据,更谈不上有什么文化的创新了。类似的书稿数量众多,让出版社应接不暇,这些书稿的作者自然也就感叹"出书难"了。那些或因编辑缺乏学术眼光,或是走了"上层路线",或是利用了手中权力动用公款资助而出版的"学术书",读者购买后只能连呼上当。读者要想买到自己真正需要的学术书,只能沙里淘金。图书商品与一般商品的一个重要区别是,你很难一眼看出它的优劣,只有当你认真阅读,有时甚至只有全部读完后,才能对它的优劣作出公正的评判。这样购买学术书可谓难矣。

要解决学术图书出版难、买书难,首先是出版社要转变观念。就经济的角度来看,学术图书尽管难卖,也还是有一个比较稳定的读者群。印数少,可以稍微提高一点书价,购书者大多为刚性需求,对书价并不敏感。真正有文化创新价值的学术书,不会是"应景之作",也不会只是为了配合某些"活动",它往往具有强大的生命力,不会成为速朽的"年销书"(只能在一年中销售),虽印数不大,却能不断再版重印,细水长流,累积起来,经济效益也还可观。第二,政策上加以扶持。这不仅包括出版社内部的"以书养书",对相关编辑考核时政策上的倾斜,也包括政府层面对出版社的各种优惠政策,甚至是经费上的支持,如上海设立的文化基金对高质量学术出版进行资助。第三,积极应用现代科学技术,革新传统的出版、印刷、发行方式。当前,数字出版促使一些传统出版无法解决的难题迎刃而解。例如,由于学术图书市场需求量少但销售周期长而造成的库存积压和再版困难的问题,就可由按需印刷来加以解决,这也解决了读者的购书难。

二、出版人应该出版真正具有文化创新价值的学术图书

学术图书在出版社所出图书中的比例并不高,但往往代表着出版社的"水平",标志着出版社的"品位",也塑造着出版社在作者、读者心目中的形象。从某种意义上来说,一家出版社所出版的高质量的学术图书,是一笔巨大的无形资产。从历史悠久的北京三联书店到近几年崛起的广西师范大学出版社,哪一家不是以高品位的学术图书出版作为立社之本?出版人的心中不能只有"利润""码洋"这些经济指标,不能忘记自己还肩负着文化的重任。诚如上海世纪出版集团陈昕总裁大声呼吁的:要努力成为一代又一代中国人的文化脊梁。出版社要出版真正具有文化创新价值的学术书,就要求编辑具备一定的学术素养,了解学界动态,并炼就一双火眼金睛,能剔除学术垃圾,识别真货。那么,怎样的学术书才真正具有文化创新价值呢?

首先,真正具有文化创新价值的学术书是以探究自然社会的客观真理、客观规律为己任的,因此它必然会站在人类的已知领域,去触及那些全新的知识领域,进而去扩大人类的知识版图,去进行文化的创新,从而去推动人类文明的进步。同时,也只有站在学术前沿,才能看清人类文化发展的方向,才能突破旧的知识体系,才能对旧的文化加以批判、扬弃更新。

其次,真正具有文化创新价值的学术书具有原创性。一味重复他人的论述和结论,没有自己独立的见解,这样的学术书是毫无

价值的。人类文化一刻也没有停止前进的步伐,随着社会的发展,人们认识自然、认识社会的深入,旧知识、旧观念,都面临新的突破,学术研究的重要功能就是在理论上加以探索,更新知识,更新观念,引领人类文明向更高的层次提升。

第三,真正具有文化创新价值的学术书往往是探究人类在理论和实践上面临的重大问题。有学者认为,长久以来,向后看,创新意识淡漠是中国文化的痼疾,也是学术研究的痼疾。比如,有些学者习惯于躲在"象牙塔"里做学问,其学术成果只能停留在字面上,躺在柜子里,既不能应用于生产实践,也不能改变人们的思想观念。

要出版真正具有文化创新价值的学术书,就意味着要拒绝出版"伪学术"书。那些"伪学术"书面目各异:有的是为配合时事或是追逐热点的应景之作;有的虽是在探讨学术问题,但只是在梳理、陈述已有的研究结论,唯独没有自己的研究心得;有的洋洋洒洒几十万字,自以为有全新的研究成果,其实只是重复走他人的老路;更有甚者,干脆做起"文抄公",抄袭、剽窃他人的成果。出版真正具有文化创新价值的学术书,编辑有时会冒一点风险,需要有坚持真理的勇气。因此,作为编辑,必须具有较高的政治素养和学术素养,能够有"泰山压顶不弯腰"的勇气。这应该是每一位做学术书的编辑努力的目标。

(张文忠,发表于《编辑学刊》2010年第1期)

编辑加工是提高辞典
质量的重要环节

质量是辞典的生命。只有高质量的辞典才能为读者所需、所爱,才能使读者收到"排难解疑""引经据典"的效用,辞典也才会有旺盛的生命力,保持常销不衰,真正达到社会效益与经济效益的有机统一,从而切实地有助于社会主义两个文明的建设。坚持辞典的质量,是对读者负责的正确态度。一部错误百出、缺乏科学性的辞典,会给读者造成怎样的思想混乱是令人难以想象的,从而也就不能称作"辞典"。

《教育大辞典》是"七五"期间国家教育科研重点项目,1989年7月,国家新闻出版署又将此书列为1988—2000年全国辞书编写出版的重点项目。编纂出版这样一部大型教育专科辞典,坚持高标准、高质量,也就更为重要。这种高质量应该体现在框架设计、词目选择、释文撰写、资料引用、文字表达以及各种关系的平衡、协调等各个方面。全书既要有知识性、科学性、实用性、稳定性,又要能熔中外古今于一炉,并充分反映现代教育科学的最新研究成果,具有"大、齐、新"的特色。这也是时代对于新中国成立以来第一部大型教育专科辞典所提出的要求。为达到高质量的标准,它不仅需要主编、编委以及撰稿人们的共同努力,而且需要编辑把好关键的一关。根据我们的体会,编辑工作是提高辞典质量的重要环节。

在编纂出版《教育大辞典》的过程中,编辑工作的重要性并不是一开始就为大家所认识的。刚开始时,有些同志觉得,当作者交稿后,编辑部门对原稿只要稍做一些诸如格式统一、错别字改正之类的技术处理就可以发厂排印了,而不必再化大力气审读、修改。出版社内的有些同志开始也抱有幻想,认为我们聘请的各位主编都是教育界的一流专家、学者,作者撰写的稿件都经过了主编的审定,质量应该是有保证的,所以编辑工作不会有很大的工作量。事实上,对于所有的原稿,编辑从资料的核对、词目的增删、释文的修改到交叉重复的处理以及词目的编排等各个方面,都花费了大量的心血,付出了巨大的劳动,对全书质量的提高确实是起了很大的作用的。

那么,编辑是如何提高辞典质量的呢?我们在编辑加工中注意了哪些问题?作为《教育大辞典》的责任编辑之一,我在几年的编辑工作实践中有以下 6 点体会,供大家参考,并以此作为引玉之砖。

一、首先要认识和把握辞典的特性

这一点对于初次编辑加工辞典的同志尤为重要。辞典作为一种工具书,主要是供查阅用的,这就要求辞典的每个词目都有查阅价值,也就是要有实用性。释文要求观点正确,引用的资料可靠,叙述简明,以最精练的文字提供最丰富的信息。为使读者容易理解,释文还必须变深为浅、化难为易,不能让人读后不知所云,如坠雾里云间。其次，像《教育大辞典》这样的大型专科辞典，编写出版的周期比较长，而且又是作为传"世"（包括时间及空间两层含义）之作，客观性和稳定性是非常重要的。一切不稳定的词目不能收入，不成熟的理论不能介绍，更不能因一时形势的需要而随意增删词目或释文内容。对学术界有争论的问题，如实介绍各家论点；对事件的成败得失、对人物的功过是非，一律还其本来而貌：寓评于述，不作抽象的肯定或否定。再次，大辞典不同于一般的书稿，不仅内容庞杂，辐射面宽，而且参加撰写的人员众多，水平参差不齐，文字风格多样。另外，一部辞典数万词目，各卷在词目的编排、目录索引与正文的呼应以及众多词目之间的平衡、协调、参见等各个方面，都具有很大的严密性与复杂性。正是在了解和把握了辞典的这些主要特征后，我们在编辑加工时才心中有数，有的放矢，既不草率行事，也不丧失信心。

二、熟悉《编纂条例》，并在使用中逐步完善

《教育大辞典》的编纂出版是一项复杂的系统工程，这是因为不仅内容包括中外教育的理论、历史、现状各个方面，而且参加的人员数以千计。吸收《辞海》编纂的经验，我们在工作一开始就制定了《编纂条例》，在选词、释文、规格三大方面作了22条详细具体的规定。这些规定不仅是作者撰稿时的准则，而且也是我们编辑加工时的依据。因为尽管有了《条例》的详细规定，原稿实际上仍很难完全符合规定的要求，其原因是作者或者对《条例》不熟悉，或者理解掌握不够，或者有自己不同的看法，等等。我们在动手开始编辑加工前，反复学习了《编纂条例》，并选出部分条目作样稿，大

编辑加工是提高辞典质量的重要环节

家分头试作修改加工,然后在一起讨论、交流,这不仅是为了进一步熟悉《编纂条例》,而且也是为了掌握如何把《条例》的要求贯彻到具体条目中的方法。但是事先制定的规定难免存在一些与实际情况不尽适应的缺点,必须根据实际需要对《编纂条例》加以修改、补充。比如,我们在编辑加工过程中,针对一些称谓的不统一及中小学校条目释文中的一些问题,及时制定了《一些称谓问题的统一提法》《中小学校条目若干具体问题的处理意见》等补充条例。此外,根据实际需要,我们也突破了原《条例》的一些规定,如原《条例》规定不收综合性条目,但我们仍保留了"×族教育""×国华侨华文教育"这样的综合性条目。

三、催稿要勤,退修要快

有人曾说,大型辞典的编纂出版没有不延期的。此话不无道理。究其原因,一是辞典的撰写比一般的书稿要求高、工作量大。短短几百字的释文可能要查阅数万字的资料,撰写时又要受各种"条条框框"的限制。二是涉及的作者较多,往往达几十人、几百人,甚至千余人,而只要其中有一二个人拖后腿,全书就要被累及。然而,如果作者不如期交稿,编辑就没有足够的时间修改加工,辞典的质量也难免要受到影响。鉴于上述原因,我们经常与作者保持联系,了解进度。个别作者比较拖拉,不仅责任编辑多次登门拜访、催稿,而且社领导也多次出面了解情况,解决实际困难。当作者完成初稿,条目汇总交出版社后,接下来就是审稿工作。为节省时间,我们的做法是,先大致审阅一遍,按辞典的要求,对照《编纂条例》,将问题较多、不符合要求的挑出来,提出比较具体的修改意见,立即退作者修改。对于编辑加工时改动比较大的释文,我们也尽快退分册主编审定。从我们的体会来看,原稿经编辑与作者之间多次反馈后,质量确有很大提高。由于种种原因,个别分册交稿后,未能再退作者修改,这一方面加大了编辑的工作量,另一方面导致校样改动较多,从而使整部辞典的出版欲速而不达。

四、认真审稿,精益求精

由于种种原因,原稿在收词、释文、体例、格式等方面存在这样或那样的问题是不足为奇的。在编辑同行中常流行这样一句话:文章不厌百回改,书稿越磨,质量越高。一般的书稿尚且如此,辞典稿则更要求编辑工作认真细致,精打细磨,甚至要到"吹毛求疵"的程度。正是基于这样的认识,我们在《教育大辞典》的编辑加工中,不管稿件作者是谁,都对词目及释文进行了严格的审核、推敲,大胆修改。

1. 词目。我们首先坚决删除了以下几类词目:(1) 不姓"教"的,即与教育无关的词目,如"宪法""组织原则""灰色系统理论"等;(2) 词级较低或见词明义,无查阅价值的词目,如"系主任""教育法律的实施"等;(3) 不成熟的词目,如"教育路线""继续教育学"等;(4) 一卷内重复的词目,如第 6 卷中《教育哲学》《教育边缘学科》两个分册的原稿中均收"文化变迁",两者必须去其一;(5) 与其他卷重复而又不属本卷内容的词目。其次,我们对有些条目进行了合并,如原稿曾立有"情报传递类型""单向主动传递""单向被动传递""多向主动传递""多向被动传递"等一组词目,显然立得太细,因此我们仅保留了第一条,而其他条的内容则并入其中。此外,我们还特别注意了词目注的外文是否有误、翻译是否准确等。

2. 释文。释文的质量是辞典质量的主要标志,对于释文,我们注意把握了这样 6 个方面的问题。

(1) 概括语。原稿中不少条目释文没有概括语。我们对这些条目作了认真分析,认为:有些可以没有概括语,这主要是会议事件类、实体类、综合类的条目;有些是应该有概括语的,于是我们或者帮助加上,或者退作者修改补充。对于已有的概括语,我们亦作了认真推敲,这方面存在的问题也不少。最突出的问题是概括语未能反映词目的实质以及概括语的中心词与词目不对应。如"电视大学学分制",原概括语为:"广播电视大学的一种教学管理制度。"这样的概括语太泛,外延太大,编辑加工后改为:"广播电视大学对学员总学习量与学习成绩进行评价的一种教学管理制度。"又如"职工自学成才奖励暂行条例",原概括语为:"对自学成才职工给予精神和物质奖励的制度。"显然中心词不当,应把"制度"改为"规定"。

(2) 释文紧扣词目。释文是解释词目的,不必引申、发挥,更不能有与词目无关的内容,这一点非常重要。如"苇笔",原释文除解释苇笔外,还有这样的内容:"埃及尼罗河两岸盛产纸草,故而埃及人用纸草作原料生产纸草纸,而幼发拉底河和底格里斯河的沼泽地则盛产芦苇。公元前三千年以前,生息在两河流域的苏美尔人就发明了楔形文字……"这段文字大部分与词目无关,我们编辑时作了删改。

(3) 释文的逻辑顺序。这一是为了全书的统一,二是为了便于读者理解。每一类词目,每一组词目,释文先写什么,后写什么,应有大体相同的顺序,而且这种顺序又应是最有利于解释清词目的。如学派、学说类词目的释文顺序为:a. 简称或别称;b. 定义或概括语;c. 创始人;d. 发展过程;e. 主要观点、主张;f. 主要成果;g. 现状。其他词目如机构、团体类,人物类,著作类等等,也都有各自的释文顺序。编辑加工时,我们注意了各类词目的释文顺序,并按此对释文进行修改。

(4)文字的精练与风格的统一。辞典要求释文必须是辞典体,应以最精练的文字包含最大的信息量。因此,对释文中拖沓的文字、重复的表述等,我们都认真作了修改。对于每一个字、词,我们总向自己提出这样的问题:"少了它句子意思是否仍然完整?"我们选用"可""能""后""曾"而不用"可以""能够""后来""曾经"等等,以此来使句子更加精练。当然,这是一项无止境的工作,我们还不可能做到"缺一字嫌少,添一字嫌多"的程度。此外,我们还注意了文字风格的统一,这是保证辞典一体化的重要方面。造成《教育大辞典》原稿文字风格多样化的原因,一是各分册内容特点本身,如《中国古代教育史》分册,释文很容易"古意盎然",而《教育心理学》《外国教育史》分册,释文又容易语言欧化,句子较长。二是作者众多,各人有各人的习惯表达方式,撰写的释文也就有文字风格的差异。兼顾内容,注意调和,向辞典体靠拢,这是我们处理这一问题的基本思路。

(5)不仅做"减法",也做"加法"。辞典编辑在加工稿件时,不仅要做删改的工作,如文字的精练、重复的删除等,而且要能适当增加必要的内容,来丰富和完善释文。如我们在审"自费留学"一条时,国家教委刚刚制定颁布了《关于具有大学和大学以上学历人员自费出国留学的补充规定》,而原释文仅介绍了 1986 年国家教委的一个暂行规定,于是我们在释文中加进了新规定的主要内容,从而使释文更加完善。当然,编辑作的"增"与"删",最后都需取得作者的认可。

(6)资料的核对。这项工作费时费力,需要极大的耐心,却又十分重要。释文引用资料有误是辞典的一个"硬伤",不仅影响整部大辞典的声誉,而且会以讹传讹,误人子弟。原稿在这方面存在的问题主要有:未掌握原始资料,引用的资料本身有误;作者抄录时粗心大意,跳行、漏字或写错别字。我们在编辑加工时,对重要的或有疑问的地方都一一作了核对。如人物条"李肃",原释文中有"生徒甚众,斋舍无所容,群武侯词以居之"一段文字,其中的"群武侯词以居之"是何意思,颇难理解。从前后关系看,似乎应为"辟武侯祠以居之",经查资料核实,确实是作者写了别字。资料的错误有时很明显,有时则很难识别,这需要编辑本身有一定的学识。

五、处理重复交叉,注意平衡协调

这是我们在编辑加工《教育大辞典》时着力解决的问题。一部收词数万条的大型辞典,作者原稿中存在词目重复的问题似乎难以避免。词目的重复包括"明重"和"暗重"两种情况:"明重"是从词头形式到释文内容完全相同的重复;"暗重"是释文内容相同,而词头形式有所不同的重复。这两种重复,我们在编辑加工中都遇到了。对于"明重",我们主要通过排笔画目录来找出,它们主要存在于分册与分册之间。编在同一卷中的"明重"词目,择优收录其中之一,即先把不同撰稿人写的几篇稿进行比较,取一篇释文质量最高的,同时吸收补充其余稿件中的精华,然后再依相对合理的原则考虑放在同一卷的哪个分册中。卷与卷之间的"明重"条目,我们取舍的标准是:该条目是否为本册所必需。如它们确为各分册必需,则允许卷与卷之间存在一定量的"明重"条目,非必需者则均删去。"暗重"条目主要存在于同一分册内。寻找"暗重"条目,我们一方面是靠审稿时的记忆,另一方面是把内容相近的部分条目放在一起专门检查。"暗重"条目主要有两类:(1)词目之间是别称、异称、异译的关系,如"日常概念"与"前科学概念"。这类重复的处理是根据需要,或仅保留一条词目及释文,或保留所有词目,而以其中释文较好的一条为正条,其他条目为参见条。(2)词目之间虽不是别称、异称、异译的关系。但甲词目的解释基本上可为乙词目释文包含。如我在编辑加工时就遇到"孤僻症"与"我向儿童"两条条目。它们虽有各自的解释,但内容基本相同。其实,"我向儿童"即指患有孤僻症(孤独症)的儿童。经建议,分册主编将"我向儿童"的释文改为:"孤独症患儿。详'孤僻症'。"从而解决了释文的重复。

由于词目与词目之间并不都是毫不相关的,所以它们的释文在内容上存在交叉是不可避免的。若单独就每条条目而言,这种情况是合理的;但是,将这些释文内容交叉的条目放在同一部辞典中,就显得冗余,浪费宝贵的篇幅。因此,尽量减少同一卷内相关词目释文中的交叉,是我们编辑加工的又一原则。在实际工作中,首先是要找出这些条目,其次是处理好。但是,要判断这些相关条目的释文各应写到什么程度,决定交叉的内容宜由哪一条写,等等,谈何容易!这就需要我们在处理时进行分析研究,搞清它们之间是类属关系、平行关系,还是交叉关系,等等。只有这样,删改释文时才能详略得当。

辞典的平衡协调，包含的内容非常丰富。胡守律同志已有专文论述，这里仅谈一下编辑加工时主要注意的两个方面：(1) 同一类词目释文的平衡协调，如概括语句式要统一，释文的详略宜大致相同，释文的长短要相近，等等。(2) 词目与释文的平衡协调，即要根据词目的级别来确定释文的长短是否合适。如有些本属于小词条的一般概念，由于资料丰富，作者洋洋洒洒写了数千言，我们修改时就要进行压缩；相反，有些重要条目，释文寥寥几句，我们就退作者补充内容。

六、看校样要仔细，清样要通读

看校样不仅是要改正排版的错误，而且也是对原稿的再一次修改，当然这种修改只能是必要的小修小改。与一般的书稿不同，辞典稿的编辑加工头绪很多，要求很高，修改后的原稿往往仍遗留有不足之处。此外，在发稿前，编辑加工往往比较投入，在具体条目的释文上加工较多，而在看校样时则能较多地从全书的角度把握一些问题，如目录、索引与正文词目的对应，参见条的落实，某些提法的统一，词目的编排、归类是否合适，等等。所以，看校样时仍必须仔细、认真。我们在看校样时，就发现了上述几个方面的不少问题，并及时加以纠正。一般书稿的清样不必通读，但为了保证辞典的质量，我们还是请了一些经验丰富的老同志，对每一卷的清样进行了通读。事实上，由于各人的知识背景不同、角度不同，他们作为第一批读者对清样提出的意见，有不少是值得我们吸收的。

要使编辑加工能达到提高辞典质量的目的，除做到以上 6 个方面外，我深深地感到，编辑还必须有甘为他人作嫁衣裳的奉献精神。辞典的编辑加工阶段,全方位的审稿纷繁复杂,光是从数千条目中找出重复、交叉的词目就是一件让人心烦的事。资料的核对亦是如此,有的作者字迹潦草,审稿时需仔细辨认,有的原稿几经改动,稿面混乱,必须先誊抄清楚;要求作者反复修改不合要求的释文也可能会遭到埋怨,等等。有时,编辑还要做大量看似琐碎,实际却很重要的工作。如我们在处理《教育心理学》分册时,发现原稿中涉及的外国人名上千,但同一人的中文译名却很不统一,便要求作者解决这个问题,结果仍不能令人满意。为此,我们在编辑加工时,将每条条目中提及的外国人名都做了卡片,写上中文译名、外文原名以及出现该人名的词目。这样的卡片做了 1 000 余张。最后按照外文名,把同一人的卡片集中起来,统一译法,再在提及该人物的条目中按统一译法一一修改译名。

有人说,编辞典的工作包含了一切的痛苦和折磨。确实,作为一个辞典编辑,不仅要有学识,要耐心细致,而且还要有为作者、为读者、为事业做奉献的精神。只有这样,才能忍受这种痛苦和折磨。

(张文忠,发表于《辞书研究》1992 年第 6 期)

再创造 高质量

——写在《教育大辞典》（增订合编本）出版之际

呈现在读者面前的尚散发着油墨清香的《教育大辞典》（增订合编本），由教育界知名学者顾明远教授主编，上海教育出版社出版。全书分上、下两卷，共收词目2.3万余条，约700万字，可称得上是集古今中外教育知识之大成、凝结着千余名作者和编辑的智慧和汗水的一部皇皇巨著。合编本不是原《教育大辞典》12卷本（于1992年出齐）的简单合并，而是在分卷本的基础上，广泛听取了海内外读者、专家的意见，吸收了近年来教育科学研究的最新成果，本着"再创造，高质量"的宗旨，经过上百名专家、学者以及编辑部同仁们的共同努力，花费了5年多的时间，对分卷本进行了认真细致的审阅、修改、补充、合并而形成的。合编本无论在收词的科学性、全面性，释义的典范性、完整性，还是在资料的翔实、文字的精炼等方面，都上了一个新的台阶。

《教育大辞典》是"七五"期间国家教育科研的重点项目、1988—2000年全国辞书编写出版的重点项目，自1986年4月正式开始编写，1992年8月出齐12卷本。1999年教师节前，作为献给教育工作者的一份厚礼，现今合编本又正式出版了。从编写至合编本出版，前后共花12年时间，真可称得上是"十年磨一剑"了。

记得分卷本出版后，受到了广大教育工作者的重视和欢迎，收到了良好的社会效益和经济效益。据初步统计，分卷本中印数最高的达5万余册，最少的近4万册，除发行全国各省、市、自治区以及台湾、香港、澳门地区外，还远销美国、日本、澳大利亚、新加坡等国。分卷本曾获第七届中国图书奖、华东地区优秀教育图书一等奖、上海市优秀图书一等奖等。

根据原定计划，同时也为了更加便于读者使用，在分卷本的基础上再出版合编本。由分卷本到合编本，经历了并不算短的5个春秋，作为参加此项工作的一员，我的感觉仿佛只是转眼之间，因为实在有太多的工作要做。那么在合编本的过程中，我们究竟做了哪些工作呢？

第一，对分卷本的各种错误和不妥之处进行修改。具体地说，也就是在科学性准确性、文字、体例、外文等各方面进行必要的修订，以臻完善。分卷本从总体上来说，质量是比较高的，但也并不是没有一点错误，其中有的是引用资料时未加以甄别，资料本身存在错误，有的是排印过程中的疏忽和校对过程中的不慎而造成的错误。词目的外文对照涉及英文、俄文、法文、德文，也有少量的拼法错误和翻译错误。此外，更多的修改是从表达得更确切、更精炼、更容易被读者理解的角度进行的。在实际操作过程中，作者、编辑均对已出版的分卷本逐字逐句进行了审阅修改。

第二，对原分卷本中重复的词目进行了合并。按卷出版时，各分册所收词目都考虑了各门学科本身的系统性和完整性，虽然同一卷内的分册之间无重复词目（采用立"虚目"的方式来避免重复），但卷与卷之间则存在大量的重复词目。其中既有"明重"，即词目与释文均相同；也有"暗重"，即释文内容相同而词目不同；少量的还有相同的词目在不同的分册中有不同的释义(其实是该词目的不同义项)。作为合编本,以上3种重复均必须加以处理。"明重"的词目,释文应取长补短,进行合并"暗重"的词目,其中一条作"见条"处理;同一词目有不同的释义,应作为并列的义项。经过这样的处理,合编本共消除重复词目3000余条。

第三,删除一些词级较低无查阅价值的词目,或者是不姓"教"的词目。原分卷本对于收词,虽然有明确的标准,但考虑到各分册的特点,又是按卷出版,实际收词时标准不尽相同。如《华侨华文教育、港澳教育》分册及《民族教育》分册,一些学校、人物的词目,相对而言级别偏低,若全部收入合编本,明显不妥。再有如《教育技术学》分册;当时出分卷本时,考虑到该学科本身的完整性,收录了不少视听技术方面的名词、术语,不姓"教",现在看来收词范围过宽,与其他分册不平衡。合编本时共删去词级较低或不姓"教"的词目600余条。

第四,增加新的词目。首先是增加遗漏的词目,如成组词目中漏收的,国内已出版的同类辞典中所收的确有查考价值,而分卷本中漏收的,等等。其次是增加因教育科学研究的深入和教育形势的发展而新产生的词目。如一些新兴的边缘学科日趋成熟,教材教法、课程理论方面的研究取得了长足的进步,出现了不少新的名词、术语、理论、流派;国内的一些重要教育法规《教师法》《教育法》等相继颁布实施,我国香港、澳门特别行政区基本法中也都有教育方面的条款。所有这些,都必须在合编本中得到反映。此外,原分卷本中缺少我国台湾地区教育方面的词目,也是一个缺憾,合编本作了适当的补充。合编本共增加了新词目1700余条。

第五,对原有词目的释文充实新的内容。在分卷本的编写过程中,我们一直强调释文要具有立体性,既有中国的内容,也有外国内容;既有历史沿革,也有现实的状况。虽然多数词条做到了这一点,但也有个别的不尽如人意,合编本必须加以补充,使释文更丰满。再有,我们对每一类词目释文应包括的内容,都有明确的规定,合编本一一作了检查,缺少的就补上。如有些机构、团体的词目,释文中缺少成立的时间,外国人物专条中缺少生卒年等。学校条目中,关于所设系科、师生人数等统计资料,我们也更换了较新的数据。

第六,精练文字,处理平衡。文章不厌百回改,辞典更是如此。辞典的释文应以最精炼的文字,传达最丰富的信息。在合编本中,我们对释文又进行了字斟句酌的修改,不但改表达拖沓、形式欧化的句子,挤干"水分",而且也改文字虽精炼,但过分"古意盎然"的句子,使文字更规范化。对于同一类词目,我们还注意了平衡的问题。如我们将分卷本中所有人物、学校、机构、法规等类的条目,分别归并在一起,对释文的内容、长短、句子形式等,均作了平衡处理。

概括地说,我们试图通过对分卷本进行增、删、并、改的工作,使合编本具有更高的质量,使之成为教育工作者的一本必备工具书,一部具有知识性、科学性、实用性、稳定性的传"世"(包括时间及空间两层含义)之作。与已出版的教育类辞书、辞典相比,《教育大辞典》(增订合编本)具有以下几个显著特点。

一是内容丰富,收词全面。就规模来说,合编本收词2.3万余条、约700万字,是教育类辞书、辞典中收词最多、字数最多的一本。其收词范围涵盖了教育科学的所有领域,古今中外,兼收并蓄。举凡教育学科、各级各类教育、中国教育史、外国教育各个方面,包括名词、术语、学说、流派、人物、著作、事件、法令、规章、制度、机构等各方面的条目,只要具有科学价值和实用价值,全部收录。

二是释文翔实,信息量大。在占有丰富资料的基础上,合编本的释文具有古今中外的立体性、多方位的解释。例如词目"个别教学制",其释文为:"教师分别对学生进行个别教学的组织形式。古代教学基本采用这种形式。中国春秋时期的私学、汉代以后的书院和私塾,对集中一处的学生逐个进行教学。欧洲中世纪末开始班级授课制,清政府 1901 年废科举、兴学堂,实施班级授课制。但有时还继续采用个别教学形式,如研究生教学,中医、音乐、美术等教学。"文字不长,但内容丰富。合编本的释文还具有完备的义项(以属教育内容为限)。如词目"公共教育",其释文包括 3 个义项:① 国家、社会团体或个人举办的为社会服务的教育。② 共同内容的教育。③ 与"义务教育"同义。词目"国学",释文也有 3 个义项:① 西周设在王城和诸侯国都的学校。② 日本古代的地方官学。③ 朝鲜新罗时期的最高学府。

三是编排合理,便于使用。合编本目录基本保留了原分卷本的框架,将 25 个分册分成 4 大块,即教育学科、各级各类教育、中国教育史、外国教育。原每个分册的词目顺序除作少量调整外,基本不变。重复的词目设虚条处理,即同词目要在不同的分册中出现,旨在保证每个分册本身的完整性。正文按词目的拼音顺序编排,书后附词目的笔画索引。读者查阅某一词条,可有 3 种途径:一是按拼音查检,二是按笔画查检,三是按词目本身所属学科查检。此外,合编本还增加了中国教育大事年表、外国教育大事年表。

《教育大辞典》(增订合编本)虽已出版,但并不代表此项工作已告终结,但愿它能成为一本跨世纪的长命书,不断地修订、重版。

(张文忠,发表于《精品图书的诞生》,学林出版社2000年11月第1版)

以市场为导向的出版之路

2009年4月,国家新闻出版总署制定并出台了《关于进一步推进新闻出版体制改革的指导意见》,明确了出版改革的"路线图"和"时间表",所有地方和高等院校经营性出版单位,2009年底前完成转制;所有中央各部门各单位的经营性出版单位,2010年底前完成转制。除保留少量公益性出版单位为事业单位外,所有经营性出版单位全部由事业单位改制为企业,其目的就是要把经营性出版社推向市场,使之成为真正的独立面向市场经营的主体。

一、以市场为导向,是出版社面向市场的必然选择

市场导向原为一般商品经营活动中的观念,是指企业要根据市场需求和顾客的意向来指导生产经营活动。图书出版以市场为导向,就是要以市场为出发点,根据读者的需求,全面安排图书的选题、生产制作和销售服务,在满足读者多样化、多层次、健康的精神文化需求的同时,尽可能多地销售健康有益的图书产品,以获取丰厚的经济效益,真正实现社会效益和经济效益的统一。

长期以来,我们习惯于把出版行业看作舆论宣传的阵地,过分强调了图书的政治宣传功能、教育灌输功能,而忽视了它的平等交

流、休闲娱乐等其他功能,更多地看重它的文化属性和精神属性,轻视了它作为一种商品所具有的经济属性。当社会效益和经济效益发生冲突时,总是置经济利益于不顾,算"政治账"而非"经济账"。其结果是,出版社大量生产没有市场需求的图书,这些图书要么变为永远无法销售的库存,要么只能送去工厂化为纸浆,使企业蒙受巨大的经济损失。今天,当经营性出版社成为市场经济中自负盈亏的主体,就必须生产适销对路的图书产品,既要追求社会效益,也要追求经济效益,因此也就必须以市场导向来出版图书。为什么这样说呢?

第一,经营性出版社只有以市场为导向,生产出为市场需要的图书产品,才能实现销售,出版社的企业经营活动才能正常运转。只有在图书产品的销售中获得更多的经济利润,出版社才能发展壮大自己,从而提高生产更丰富、更优质的精神产品的能力。企业要生存要发展、要壮大,就必须重视图书的商品特性,按经济规律办事。

第二,图书商品作为一种文化产品,其所具有的引导人民群众正确的舆论导向的功能,所承担的对人民群众普及文化、提高文化的重任,只有在图书商品得到了市场的认可,读者愿意购买阅读,才能从潜在的可能变成现实。就某一种健康有益的图书而言,其销量越大,所起的舆论导向作用就越大,社会效益也越明显,当然,出版社所获得的利润也越丰厚。在这里,舆论导向、社会效益、经济效益是完全一致的。

二、以市场为导向的理念,体现在出版的各个环节上

图书出版的市场导向,要求我们在确定选题时,首先要通过各

种获取信息的途径,研究读者的需求。从宏观上来说,读者不同的阅读目的、不同的知识水平、不同的文化背景、不同的收入水平、不同的职业、不同的年龄等,对图书的内容、形式,都会有不同的要求。就是同一个读者,也会有多样化的图书需求。这也是图书商品在所有商品中差异性最大的原因。读者的这种多样化的需求,为我们选题提供了无比广阔的天地。

其次,不能满足于拿现成的书稿,而是需要编辑更多地发挥主观能动性,在了解读者需求的基础上主动策划获得选题。即使是现成的选题,也应该尽早介入作者的创作过程,帮助作者更多地了解市场的需求。

第三,以市场为导向,不能机械地理解为被动地适应市场的需要,编辑要善于发现读者的潜在需求。市场是可以创造的,读者是需要引领的。开发这样的选题,需要编辑对读者有更深刻的认识,对市场有更加敏锐的洞察力。从某种意义上说,这样的选题由于缺少相似产品的竞争,会有更大的市场空间,会取得更大的经济效益。

第四,以市场为导向,不能仅仅只看到国内市场的需求,还要看到国际市场的需求。近几年,在世界范围内兴起的汉语学习热、汉学热,海外孔子学院大量开设,为我们策划以"走出去"为目的的图书提供了契机。

第五,在具体确定某个选题时还必须回答4个问题:(1)为谁而出版?就是要确定目标读者群;(2)为什么而出版?就是要明确图书内容满足了读者什么样的需求;(3)目标读者的群体规模有多大?就是要知道图书出版后,潜在的市场有多大;(4)目标读者会不会购买?就是要从产品身上找到会被读者购买的理由,这就涉及读者需求的迫切性,与同类图书比较所具有的优势等等。总之,我们策划的图书应该是有相当规模的潜在读者群,能满足他们需要、受到他们欢迎的产品。

另外,以市场为导向确定选题需要注意的是,要考虑出版社的分工、出版社优势的出版领域、编辑力量。每家出版社都没有能力涉足所有的出版领域,要有所为而有所不为,关键是要在某些出版领域形成规模,形成优势,形成品牌,在读者心中留下深刻的印象。

选题、内容、目标读者都确定后,就进入了编辑加工和制作阶段。图书出版的市场导向要求我们不仅仅要对内容作修改错误和规范、统一格式的工作,还要通过分析同类书的市场表现和目标读者的需要,来确定内容的呈现形式(如是否需配图,是黑白印还是彩印,是平装还是精装等等)、版式、开本尺寸、用纸、定价等。为了产生更多的利润,还应该在生产制作过程中处处节约成本。与此形成鲜明对比的是,在忽视图书商品特性、市场表现的陈旧观念下,编辑和作者总是不计成本地追求精美、豪华,并以此为荣,结果是由于高成本、高定价,得不到市场的认可,出版社的投资"血本无归",社会效益也无从谈起。图书出版的市场导向,最终目的是要满足读者需求,实现销售。因此,图书推向市场后,营销和服务工作非常重要。

三、以市场为导向,要求有一个统一开放、竞争有序、健康繁荣的市场体系

图书出版以市场为导向,就是把图书看作一种商品,参与市场

的公平竞争,而公平竞争需要有一个良好的市场环境。笔者认为,目前国内的图书市场主要存在以下问题:

(1)没有形成真正意义上的全国统一开放的大市场。图书市场存在地区分割。其结果是,每年出版的图书品种中,有相当一部分只能在局部地区销售,这也就是说,有相当数量的图书在退出市场前,并没有能够与需要这些图书的读者见面。真正优质的、为读者需要的图书,不能在全国统一开放的市场上自由竞争,相反,一些品种类似、质量平平的图书,却靠着这种市场的分割,维持着销售。市场分割不仅造成了市场需求的失真,而且使得重复出版、同质化出版愈加盛行,浪费了宝贵的出版资源。

(2)市场竞争无序。一是表现为重复出版,跟风克隆。二是表现为恶意炒作,误导读者。

(3)盗版盗印猖獗。不仅畅销书难逃盗版盗印的厄运,就是一些盗版的中小学教辅书也大模大样地走进了学校的课堂,甚至有些盗印的大学教材也堂而皇之地走上了高等学府神圣的殿堂。盗版者由于成本低廉,可以低价批发,经销商则在巨大的赢利空间面前,丧失了最起码的职业道德。盗版盗印现象的大量存在,不仅扰乱了正常的市场秩序,侵害了出版社的利益,而且因为质量的低劣,也损害了读者的利益。

(4)社店关系亟待规范。主要表现为经销商与出版社之间就图书折扣的博弈、经销商随意的退货和书款的拖欠。出版社与书店在经济利益上的争夺,妨碍了优质图书在市场上的竞争和销售,最终是两败俱伤。

四、以市场为导向,要有完善的文化出版基金制度与之相配套

图书出版以市场为主导,对于经营性出版社来说,实际上也是肯定了其图书产品作为商品的逐利性;换句话说,出版社更倾向于出版能带来丰厚利润的图书,而对于读者面窄的小众读物,则没有多少兴趣。这就产生了一个问题:以市场为导向生产的图书产品,在品种结构上与读者的需求并不能完全匹配,会产生图书生产与图书需求之间的矛盾。例如,受到广泛诟病的学术著作出书难、购书难,就是这种矛盾的反映。从图书市场的总体来说,图书出版以市场为导向显示出了其局限性,尽管这种局限性并不影响经营性出版社本身。

不同种类的图书,其市场大小不同,这是客观存在的。例如,普及类图书的市场容量要大大高于学术性图书,教材教辅类图书的市场容量大于一般图书,学生用书的市场容量又要大于教师用书,等等。其实,一般的商品也存在市场大小的问题,但市场本身会通过商品价格的调节,使得生产不同种类的商品,趋向于获得平均的利润,因此,只要有市场需求,就会有生产商愿意生产这种产品。当然,这种调节在完全市场经济的条件下是漫长的,而且是波动的,但这种机制是存在的。然而,市场本身所具有的这种机制,对于图书商品却不明显,甚至完全失灵,笔者认为,其原因就是图书商品是一种较弱的超必需品(微观经济学中的概念,可通俗地理解为该种商品并不是日常生活中必不可少的)。因此,价格的调节就失灵了。这也就是我们在实际的图书市场上所能看到的情形:

不管印数是多是少，每种图书其每个印张的价格大致相同，换句话说，市场需求小的图书品种，出版社不太可能从提高图书价格上获得利润的补偿。

市场失灵的地方就是需要政府发挥作用的地方，具体来说，笔者认为，图书出版以市场为导向，需要有完善的文化出版基金制度与之相配套，即通过文化出版基金的资助，使出版社愿意出版那些社会效益明显，但经济效益不明显，甚至可能造经济损失的图书。过去，由于出版社实际上是被作为国家机关加以管理，更多的是采用行政的手段，而当经营性出版社成为面向市场的主体后，政府就应该采用法律的手段、经济的手段加以管理，文化基金制度就是一种经济的手段。目前，我国文化出版基金存在的问题是：总体规模小、种类少、来源少，从而资助的力度小。今后，不仅要扩大文化出版基金的规模、种类，而且要加强管理，对资助项目进行严格、公正的评审。对出版项目的资助也不能局限于立项前，更应该在图书出版后，经过社会效益的检验后加以评估，从而使文化出版基金的每一分钱都花到实处。

（张文忠，发表于《编辑学刊》2010年第4期）

图书出版以市场为
导向的利与弊

目前,除少量公益性出版单位仍保留为事业单位外,全国500多家经营性出版社已全部由事业单位改制为企业,出版社真正成为独立面向市场经营的主体。这就意味着,出版社已畅游在市场经济的大海中,它必须按照市场经济的规律,组织生产和经营活动。图书作为出版社最主要的产品,也必须按市场规律,根据读者的需求,来进行选题的策划、组织、编辑加工、生产制作和销售服务。因为只有以市场导向来生产图书商品,才能实现有效的销售,从而使得出版社的经济投入获得回报,出版社的企业经营活动才能正常有序地进行。

在较长的一段时期,出版社的体制是事业单位企业管理,但从根本上来说,主要还是将其定位为事业单位,由国家机关投资、经营,主要为广大人民群众提供教育、文化等公益性服务。这样,我们也就习惯于把出版行业看作党的喉舌、舆论宣传的阵地,强调和看重的是它政治宣传的功能,对广大人民群众进行教育的功能。也就是说,只看到了图书的精神产品的属性、文化的属性,而不太注重,或者说是忽视了图书作为商品的经济属性。于是我们可以看到,在出版活动中,总是算"政治账",羞于算"经济账";出版活动总是紧跟政治形势的风云变幻,应景之作层出不穷。其结果是:一方面是读者正常的、多样化的精神文化消费需求得不到满足;另一方面是出版社生产出了大量永远也无法销售出去的图书。这些作为库存积压的图书,最终的命运只能是在造纸厂中化为纸浆,从而使得出版企业蒙受巨大的经济损失,造成正常经营活动的困难。

在一般的商品经营活动中,市场导向的原则是天经地义的事情,也就是说,企业要生存和发展,就必须根据市场需求和顾客的意向,来指导生产和经营活动。作为生产图书这种特殊商品的出版社,已转企改制,面向市场自负盈亏,在追求社会效益的同时,自然也会追求经济效益,而取得经济效益的根本前提,就是图书出版以市场为导向。为什么这样说呢?

首先,尽管图书是一种特殊的商品,即它是精神产品与物质产品的统一体。但从出版企业要生存和发展壮大的角度看,它必须通过大量销售图书商品才能获取利润,而读者花钱购买图书商品必须是这种图书能够满足自己的某种需求。以市场为导向,就是要发现和寻求读者的需求,大量生产出能满足读者需求的图书。

其次,尽管图书是一种精神产品、文化产品,它的政治属性、意识形态属性、文化属性是第一位的,它的那种对社会发展来说所具有的正外部性,不是能用经济效益来衡量的,但是图书所具有的传播社会主义核心价值观、引导人民群众正确的舆论导向的功能,它所承担的推动先进文化的发展、提高人民群众的科学文化水平的重任,只有在图书商品得到市场的认可、读者愿意购买阅读时,才能真正实现。对于某种具有社会效益的图书来说,其销量越大,获得的经济效益越丰厚,其社会效益也就越明显。这时,由市场导向所产生的经济效益与社会效益是完全一致的。

图书出版以市场为导向是出版企业改制后的必然选择,但也要避免几个主要误区:

误区一,将市场导向片面地理解为满足一切读者的一切需求,置社会效益于不顾,单纯追求经济效益的最大化。出版物的价值在于满足人们各种精神文化生活的需要,但某些人的某些精神文化需求也可能是不正常、不健康的,而我们要满足的是广大人民群众积极、健康的精神文化需求。一些内容平庸、低俗、荒诞的图书,也许也能产生不俗的市场销售业绩,但这是与社会主义出版事业的宗旨相违背的。国家《出版管理条例》第二十五条及二十六条,详细规定了任何出版物不得含有的内容,这是我们出版物满足读者需求的一条不可逾越的底线。曾几何时,图书市场上充斥着低俗、平庸之作,甚至不乏迷信、色情的内容,这完全是图书出版在市场经济的大潮中迷失了方向。

误区二,不考虑出版社的分工、自身的优势、出版领域和编辑力量,市场上什么种类的图书需求量大就出版什么,以追求图书的销量和经济效益为唯一目标。于是我们看到,全国500多家出版社,少有不涉及中小学教辅图书出版的,因为这是图书市场上最大的一块蛋糕,人人都想分一块、占据一定份额。图书市场出现一本畅销书,很快就会有一大批类似题材的图书跟风出版,自以为找到了读者的需求点,结果常常是跟得快的或许还能分得一杯羹,跟得慢的图书出版后则无人问津。即使是以市场导向出版图书,出版社也应该在自己的分工范围内,在自己的优势出版领域内,寻找、挖掘读者的需求,策划、编辑、出版相关的图书。长此以往,就能在某一出版领域形成规模、形成优势、形成品牌,从而占据最大的市场份额。

误区三，将图书的市场导向机械地理解为被动地适应市场的需求。分析市场上现有的图书品种，根据销售情况，找出读者的需求点，再策划相应的选题，作些改进和补充，这不失为一种图书出版市场导向的路数。但实际上，读者的阅读需求是需要挖掘的，甚至是可以被创造出来的。比起调研、分析图书市场，我们更应该多了解读者，更应该熟悉学科的发展趋势和动向。一旦读者的潜在需求被挖掘出来，满足读者这些需求的图书就会因为缺少相似产品的竞争，而有更大的市场空间，能够为出版社获得更大的经济效益。引领读者高尚的阅读情趣、引领学科的发展，这类图书与其说是适应市场，还不如说是在创造市场。这就像计算机、互联网这些现代科学技术和产品，在产生之前，人们似乎并没有这种需求（实际上，这种需求是处于一种潜在的状态），而一旦提供，人们再也离不开。挖掘读者的需求，创造读者的需求，开发这样的选题，需要编辑对读者有更深刻的认识，对市场有更敏锐的洞察力。

除了要避免以上3个重大误区，以市场为导向，还要求我们善于发现不同读者群体的不同需求、相同读者群体多样化的阅读需求。相同内容的图书，也可以根据不同的读者群体，以不同的形式呈现。读者市场多样化的需求，为我们图书选题的策划，提供了无限的可能和广阔的天地。

图书出版以市场为导向，一个最大的问题可能是，市场容量较小的图书品种出版面临困难，比如学术类图书。不同种类的图书，其市场大小不同，这是客观存在的。例如，大众类图书的市场需求大于学术性图书，教材教辅类图书的市场需求大于一般图书，学生用书的市场需求又要大于教师用书，等等。对于经营性出版社来说，以市场为导向就会更倾向于出版能带来丰厚利润的图书，而对于读者面窄的小众读物,则没有多少兴趣。

这就产生了两个问题:一是以市场为导向生产图书产品,可能导致具有重大社会效益的图书无法出版;但对于社会发展和文化进步来说,市场需求量小的图书,其价值可能远远高于市场需求量大的图书。这类图书得不到出版与传播,会造成重大社会效益的损失。二是图书在品种结构上可能与读者的需求不相匹配,会产生图书生产与图书需求之间的矛盾,即读者需求的小众图书无处购买。例如,受到广泛诟病的学术著作出书难、购书难,就是这种矛盾的反映。从图书市场的总体来说,图书出版以市场为导向显示出了其局限性,尽管这种局限性并不影响经营性出版社本身。

一般的商品也存在市场大小的问题,但市场本身会通过商品价格的调节,使得生产不同种类的商品,趋向于获得平均的利润。因此,只要有市场需求,就会有生产商愿意生产这种产品。当然,这种调节在完全市场经济的条件下是漫长的,而且是波动的,但这种机制是存在的。然而,市场本身所具有的这种机制,对于图书商品却不明显,甚至完全失灵。笔者认为,其原因就是图书商品是一种较弱的超必需品(微观经济学中的概念,可通俗地理解为该种商品并不是日常生活中必不可少的)。因此,价格的调节就失灵了。这也就是我们在实际的图书市场上所能看到的情形:不管印数是多是少,每种图书其每个印张的价格大致相同,换句话说,市场需求小的图书品种,出版社不太可能从提高图书价格上获得利润的补偿。

市场失灵的地方就是需要政府发挥作用的地方。具体来说,笔者认为,图书出版以市场为导向,需要有完善的文化出版基金制度与之相配套,即通过文化出版基金的资助,使出版社愿意出版那些社会效益明显；但经济效益不明显,甚至可能造成经济损失的图书,用经济学的术语来表达就是：对那些社会效益很高而出版社获益较少,即正外部性(经济学中的概念,指行为人或厂商的行为增加了他人或社会的福利,但却没有得到相应的补偿)较强的图书品种,政府应该成为实际的提供者以弥补市场提供的不足。虽然目前国家已将出版社区分为公益性出版社和经营性出版社,国家通过财政的支持,让公益性出版社来出版那些具有重大文化积累、文化建设意义以及保障人民群众基本文化权利的出版物。但是,政府仅仅对公益性出版社加以经济支持是远远不够的,而是要通过完善文化出版基金制度,对经营性出版社的出书结构加以引导和调控,使之同公益性出版社互为补充,出版的图书能够满足读者一切健康的精神文化需求。当前,我国文化出版基金存在的问题是：总体规模小、种类少、来源少,从而资助的力度小。今后,不仅要扩大文化出版基金的规模、种类,而且要加强管理,对资助项目进行严格、公正的评审。对出版项目的资助也不能局限于立项前,更应该在图书出版后,经过社会效益的检验后加以评估,从而使文化出版基金真正扶持那些具有重大社会效益,而出版社又无法从中得到经济利益补偿的出版项目。

(张文忠,发表于《出版与印刷》2015年第2期)

对出版业供给侧改革的思考

2015年11月10日,习近平总书记在中央财经领导小组的第十一次会议上,第一次提出了"供给侧结构性改革"的概念,即"在适度扩大总需求的同时,着力加强供给侧结构性改革,着力提高供给体系质量和效率,增强经济持续增长动力,推动我国社会生产力水平实现整体跃升"。在2016年1月26日中央财经领导小组的第十二次会议上,习总书记又强调,供给侧结构性改革的根本目的是提高社会生产力水平,落实好以人民为中心的发展思想。要在适度扩大总需求的同时,去产能、去库存、去杠杆、降成本、补短板,从生产领域加强优质供给,减少无效供给,扩大有效供给,提高供给结构的适应性和灵活性,提高全要素生产率,使供给体系更好地适应需求结构的变化。"供给侧结构性改革"概念的提出和强调,表明中国经济调控的思路已发生重大变化:从以往侧重需求方调控转为偏重供给侧调控。

众所周知,推动中国经济快速发展的"三驾马车"是投资、消费和对外出口。当经济运行出现困难,经济发展动力不足时,除了大规模增加政府投资和鼓励、促进出口外,总是在刺激公众消费上做文章,认为银行中有大量的存款不去消费,是国民的消费观念有问题。回顾改革开放的历程,我们看到,在相当长的一段时间,可以说是供给严重不足,重工业、轻工业、农业,无不如此。农副产品需要凭票供应,甚至包括彩电在内的工业产品,也要凭票供应,这些我们都记忆犹新。需求旺盛,只要不断增加供给,经济就能高速发展。但经过了经济的高速发展之后,不少生产领域出现了产能过剩的问题,重工业如钢铁、煤炭,轻工业如家电百货等等。是供给大大超过了需求了吗?一方面,国民在国内市场上消费不足;另一方面,在海外市场上却有超强的消费能力,令全世界侧目。这就清楚地表明,国内市场消费疲软,主要是供给结构上出了问题,供给与消费严重不匹配。要增强经济发展动力,关键是改革供给侧结构,增加有效供给。

出版业同其他产业一样,改革开放后也经历了从供给严重不足到市场消费疲软的过程。目前出版业普遍存在的问题是,出书品种膨胀,精品力作缺乏,库存不断增加,利润率连年下降,供给和需求严重不相匹配,因此,供给侧改革恰逢其时。"供给侧结构性改革"的思路,既找到了出版业乃至整个文化产业的问题症结,同时也提供了解决问题的方法。

出版业的出版侧改革,首先要做的是去过剩产能、去出版库存。据统计,我国目前每年出书近45万种,其中新书超过25万种,但这些出版的图书却有相当一部分不能上架,难与读者见面;而那些能幸运上架的图书,据2015年对全国实体书店的抽样调查显示,在书城和中等书店,动销率基本在20%~30%之间,最好的动销率不超过40%,差的则低于20%。大量图书无法实现销售的后果是图书库存不断增长。根据中国新闻出版研究院的报告,2004年,全国图书总库存(包括出版社和新华书店系统)为41.64亿册,总码洋449.13亿元;到2014年,经过10年时间,库存数量增加到 66.39 亿册,总码洋增加到 1 010 亿元,这还不包括 10 年间报废掉的库存。而 2014 年销售码洋则为 777.99 亿元,销售与库存已成倒挂之势。按此趋势发展,巨大的库存总有一天会压垮出版社,甚至会危及整个出版行业。去除过剩产能,压缩、淘汰低质产品,已成为出版业的当务之急。出版业的产能过剩,其实质是把有限的出版资源用在了供应无效产品上。

其次是提高图书质量,多出版精品力作。目前的出版业,一方面表现为过剩产能、高库存,另一方面又表现为精品力作的供给不足、供不应求。每年出版的新书超过 25 万种,使得我国已成为世界上出书品种最多的国家,可称得上是出版大国,但却不是出版强国。这是因为其中留得下来、传得下去,能对文化传承、文化创造产生作用,能对世界产生影响力的却并不多。能否始终把社会效益放在首位,坚持政治性、思想性、学术性、科学性等出版标准,是提高出版物质量的关键。市场上大量充斥思想贫乏、低级庸俗、粗制滥造的出版物,不能不说与一些出版企业片面追求经济效益有关,不能不说与一些出版人把关意识的底线失守有关。

出版社还要改变依靠品种数量增长来提高经济效益、扩大产业规模的思路,而是应该静下心来,踏踏实实地策划出好的选题。编辑应心无旁骛、全身心地投入到编辑工作中,实实在在地提高图书的编辑工作优质含量,为读者提供他们真正需要的优秀作品。图书品种的快速增加,是造成图书质量下降的一个重要原因。因为作者创作的作品,是编辑工作、出版工作的前提。作者不能创作出高水平的作品,出版社也难为无米之炊。但由于出版社出版品种的过快增长,作者创作优秀作品的能力,已远远不能满足这种需求,因此平庸、低劣作品盛行,也就不足为奇了。因此,多出为读者欢迎的好书,一方面需要文化、科技、教育等各界作者,呕心沥血,创作优秀作品,另一方面也要出版社坚持出版标准,压缩出版品种,严格把关。当然,作为出版人的编辑,需要更多的了解市场的需求、读者的需求,从文化的视角,策划高质量的选题,去催生作者的创作;通过高含金量的编辑工作,去优化、提高作品的质量。

第三,建立规范、统一的市场秩序,真正让市场来调节出版的资源和要素。长期以来,由于行政区域的划分,我国各省、市、自治区基本上都设有相同的出版单位,比如人民出版社、教育出版社等等。这些出版单位往往在出版资源、市场资源上画地为牢,存在各种形式的地方保护主义。一方面是在所分割的图书市场上进行着大量的重复性的劳动,出版同质化的图书;另一方面是优质出版物受阻于行政区域的藩篱,不能在全国市场公平竞争,比如教材、教辅。各地虽已成立了出版集团,但都是行政干预的产物,而不是市场自由竞争的结果,各出版社之间出版同质化的问题并未彻底解决。让人欣慰的是,从中央到出版主管部门,都在积极鼓励和大力推动跨地区、跨部门、跨行业、跨媒体、跨所有制的兼并重组和经营,这将促使出版资源和生产要素在全国的范围内统一配置,减少重复出版,使出版供给与读者需求能更有效地对接。出版供给侧的改革,千万不可退回到用行政的手段干预的老路上。

第四,出版业的供给侧改革,既要重视内容、形式的创新,也要注重供给方式和途径的创新。在图书市场上,是古典经济学的供给决定需求,还是凯恩斯经济学的需求决定供给?人们或许会纠结于需求与供给这对关系,见仁见智。但笔者认为,在改革开放的初期,出版物市场供给严重不足,需求导向主导着出版业的发展;但在今天图书市场已"供过于求"的情况下,一方面仍是要了解不同读者群多样化的需求,从读者的需求出发,去策划选题,筛选作品,提供能真正满足读者需要的出版物;另一方面也需要通过内容和形式的创新,来激发和满足读者潜在的需求。也就是说,既重视市场的需求导向,也要重视由供给创造出的新需求。图书作为文化产品,是为了满足人们的精神文化需求,而这种需求是可以引导可以被创造的,关键是要出版原创性的、内容与形式俱佳的作品。一本优秀小说的畅销和流行,从某种程度上说,可以看作是作者和出版者共同创造了读者阅读这本小说的需求。

出版物销路不畅、库存积压,有时不仅仅是出版物内容和质量问题,还有可能是渠道不畅。如何把出版物展现在需要它的读者面前,需要出版者认真加以研究解决。出版物出版后的宣传营销、做好实体店的网点布局、提高上架率、网上销售、应用大数据技术定向推送等,都能提高出版物的销量。出版的核心是做内容,内容的载体不只局限于纸质,媒体融合是未来出版业的必由之路。因此出版业的供给方式和途径的创新还包括以全媒体的形式,满足读者阅读的需求。出版企业要加快数字化转型,要重视网络阅读、移动手机阅读等,这些正成为年轻一代获取信息的主要手段。出版业应适应读者阅读方式的变化,要在媒体融合中,让优质的出版内容用多种形式、通过多种途径,提供给读者。

第五,出版企业要加强品牌建设,走专业出版之路。据行业调查报告显示,全国 500 多家出版社,几乎参与了所有细分市场的竞争。也就是说,出版社的专业化分工并不存在,产生的后果是出版同质化、出版物质量下降、无序竞争、跟风出版、不注重品牌建设。没有专业化的分工,就不可能把好专业选题关,也不可能把好专业图书的内容质量关,更不可能把握好市场需求,高企的图书库存也就不足为奇。出版企业走专业化之路，加强品牌建设，是提高有效供给、降低库存的必然选择。

第六，出版企业要充分利用大数据、云计算、移动互联网等新技术手段，创新出版流程，创新产品形态，带动整个出版业的转型升级，从而实现有效供给。例如选题的论证、印数的确定，不再是凭经验和有限的调查数据，而是建立在大数据和云计算的基础上；按需出版技术的进一步完善，将使出版质量进一步提升，成本进一步下降，从而使得零库存的梦想成为现实，甚至读者在书店的终端上，就能制作出在数据库中查到的任何一本自己需要的图书。顺应媒体融合的大趋势，出版企业要实现从出版商向内容资源服务商的转变，将同样的出版内容，以多种形式发布在不同的媒体上，可以是图、文、音频、视频，甚至可以是动画、电影、电视剧。出版业要以内容为核心，以现代技术为手段，成为融合多种媒体的文化创意产业。

出版的供给侧改革，归根结底就是要通过思想观念的改变、体制机制的创新、现代科学技术手段的应用，既以市场为导向，从读者的需求出发，又能以精品力作去激发、创造读者的需求，实现供给结构与读者需求结构的有效对接，从而减少、消除无效供给，全方位地满足不断升级的读者的需求。

（张文忠，发表于《出版与印刷》2016年第1期）

论学术期刊编辑的大数据思维

大数据正在进入出版业的方方面面,对这一领域的未来发展将产生深远影响,并已经引起相关专业的学者的关注。目前,出版学界对于大数据的研究仍处于比较初步的阶段,关键在于操作性的叙述较多,深层次的思考不够,无论深度还是广度都十分有限。大数据研究极少探讨社科类学术期刊,即便有所涉及,将大数据与学术期刊转型结合起来的研究几乎没有深入下去。

一、思维与大数据思维

什么是思维?百度百科的定义为:"人用头脑进行逻辑推导的属性、能力和过程。"有专家提出:"思维是在特定物质结构(脑)中以信息变化的方式对对象深层远区实现穿透性反映的、可派生出和可表现为高级意识活动的物质运动。"还有专家认为:"凡是联系某一类现象或众多现象来把握客观事物的认识活动,就是理性认识或思考活动,也就是思维。"杜威对思维作了这样的定义:"知识仅仅是已经获得并储存起来的学问;而智慧(思维)则是运用学问去指导改善生活的各种能力。"基于目前的种种定义,笔者综合归纳为:第一,"思维"分形象思维和抽象思维两种;第二,思维是经过在人脑中进行的分析与综合、比较以及抽象与概括的过程而实现的；第三，思维不是凭空在人脑中形成，而是联系某一类现象或众多现象来把握客观事物的认识活动，就是理性认识或思考。据此推理，"大数据思维"可以理解为力图把握大数据的本质与规律，通过将某一类数据或众多数据联系起来进行认识而表现出来的理性认识或思考活动。

二、大数据热潮中学术期刊编辑的困惑

大数据运用在商业和信息技术领域的比较多，所以不少学术期刊编辑认为大数据与以市场盈利为目的的大型出版集团有关，主要运用在出版的商业运作环节上；而学术期刊以社会效益为办刊宗旨，不以营利为目的，读者和作者都是小众群体，因此大数据与学术期刊发展关系不大。鉴于此论点，有必要对目前存在的大数据认识上的误区和困惑进行一一澄清和阐明。

1. 大数据等同于规模超大的海量数据吗？

若是以维基百科定义大数据的标准，可以说能称得上大数据的数据库真的非常少，普通的学术期刊编辑部甚至期刊社日常的数据集绝大多数与大数据沾不上边的。其实，大数据的大是相对而言的，不是绝对的大。对于学术期刊来说，应该尽可能地搜集创刊以来的所有数据和资料，越全面详细越好。因为所有这些数据就是元数据，即大数据的数据。可以说，每一家学术期刊编辑部都应该建立自己的大数据规划图。反过来说，海量数据并不一定能称其为大数据，因为真正体现大数据能量的是不仅要具备收集数据的能力，还要具备低成本分析数据的能力。学术期刊编辑对于

大数据的关注,应该更多地放在对出版资源的获取与利用方面,这也是非常有价值的大数据研究的一部分。

2. 数据挖掘和分析全部需要技术支持吗?

大数据本身就属于高科技领域的产物,整个大数据的处理流程可以定义为在合适工具的辅助下,对广泛异构的数据源进行抽取和集成,结果按照一定的标准统一存储,再利用合适的数据分析技术对存储的数据进行分析,从中提取有益的知识并利用恰当的方式将结果展现给终端用户。可见,大数据的每一个环节都离不开计算机技术的支撑,但是大数据发展的趋势是从数据集成到数据分析最后到数据解释,简单易用应当贯穿于整个流程。目前大数据的易用性研究还处在起步阶段,易用性表现为易见、易学、易用,这将意味着学术期刊不必在内部开发或引入复杂的大数据技术,可以利用云服务或预先设置好的应用程序来满足现有的数据分析需求,从而专注于学术出版业务。

3. 社会科学研究将被大数据分析取而代之吗?

大数据与社会科学研究一结合,就遭到了一些社会科学学者的反对和质疑。教育学教授阎光才指出:"在几乎所有的社会科学研究实证性研究中,研究问题的确定本身就来自人的意向性……如果没有研究者对生活世界的体验、关切、理解和自我偏好甚至价值'偏见'在先,数据的生成和获取就成为不可思议的事情。"阎光才一针见血地批判现在的教育研究为迎合大众趣味、为了大数据而进行各种缺乏意义深度诠释的数据分析,完全是徒有形式的计数而已。此番话语不无道理,这样的大数据研究只是形式上的简单模仿,根本没有掌握大数据的精髓。迈尔舍恩伯格同样认为:"我们也要继续重视那些数据不能解释的事物——由人类的智慧、独创性、创造力造就的理念，这是大数据分析无法预测的。"任何将大数据妖魔化的狂热想法或行为都有悖于大数据精神。在大数据出现之前，人类探索世界所使用的科学方法和工具不仅不会被大数据取代，而且会和大数据并存。大数据可以完善和补充社会科学现有的研究体系，使之更加多元多样、合乎学术规范以及精确有效。

三、学术期刊编辑需具备的大数据思维

大数据对学术期刊的影响可能还要滞后更长的时间，许多学术期刊人或许不会被要求投入创新如此之大的体系，但他们至少需要对大数据有全面和充分的认识，知道在今天这样的出版环境下如何更好地运用大数据思维来应对学术期刊自身的转型和变革。为什么我们首先需要启发"思维"？因为"（思维能力的各种价值是指）每个人每日、每时、每刻都需要确定他没有直接观察到的事实：这不是出于增加他的知识贮存的一般目的，而是因为事实本身对他的兴趣或者他的职业来说是重要的。"因此，对于学术期刊编辑来说，思维能力的培养也尤为重要。结合学术期刊相关的具体实务，其编辑的大数据思维可以从以下3个方面进行创新和重建：

1. 相关性思维，即"是什么"的问题研究

在大数据时代，新的分析工具和思路提供了一系列新的视野和有用的预测，我们看到很多以前不曾注意到的联系，还掌握了以前无法理解的复杂技术和社会动态；最重要的是，通过探求"是什么"而不是"为什么"，更好地了解这个世界。相关关系的核心是量

化两个数据值之间的数理关系；相关关系强是指当一个数据值增加时，另一个数据值很有可能也会随之增加。相关关系分析法相比基于假设的方法来说，用数据驱动来分析更加准确快速，而且不易受到偏见的影响。以教育学术论文为例，在一篇教育专业文章的结论部分，作者通常会总结自己的研究成果，结论通常由两部分组成：(1)描述研究结果或调研发现的某些相关性特征及因果；(2)推断两个或两个以上研究变量之间的因果关系。此外，期刊编辑或评审常常要求作者在文章中推测其研究对实践和政策的推动作用，以使文章体现出实践意义和应用价值，从而更具可读性和吸引力。不少作者被编辑引导相信这样做会增加文章的发表概率。结果是每篇文章几乎都包含研究的重要性和实践意义，从而有些研究者会为了显示研究的意义而刻意设计实践中存在的问题、难点和挑战，以此来预测本研究潜在带来的解决方案。如此完美的设计看似没有缺陷，其实毫无价值，完全背离科学研究的初衷。

学术论文中的数据实证研究主要是对某一研究现象尽可能进行全面的数据分析和挖掘，并得出研究结论。编辑需要严格区分"是什么"与"可能是什么"。"可能是什么"的实践建议应该存在于研究者和实践或政策领域专家之间的对话交流中，这样的实践策略公开发表才合情合理，会受到政策制定的政府部门的关注，社会影响自然也会随之而来。编辑在与作者沟通修改文章时应该做到"有所为"和"有所不为"，明确自己的定位和作用，学术出版才能规范、科学、严谨。

2. 复杂性思维，即整合跨学科的学术资源

从数据到大数据的演变是一个渐进的过程，它不是大数据时

代简单地代替"小数据"时代,而是一个由简单到复杂、各种形式相互包容和不断完善的过程。在大数据时代,理论并非不重要,而是变得更加重要。理论也并非僵化而一成不变,应在处理问题的过程中意识到海量数据所带来的复杂性,坚持分析方法和理论的不断创新。如今的大数据先行者们通常都有交叉学科和整合学科的背景,会将知识与自己所掌握的数据技术相结合,应用于广泛的领域之中。由此可见,复杂性思维可以影响学术期刊编辑能够收集的数据类型以及对这些数据的挖掘分析方式,从而推动学术期刊对专业领域内的学术研究进行全新的理解。国外学术界主张,发表在学术刊物上的文章是具有科学规范的学术论文,不同于单纯的个人意见和见解,而这一点是中国内地的很多社科类期刊(包括教育学术期刊)所忽视的。不少教育学论文虽是对教育教学实践和教育政策的建议,但并不是从分析样本、环境、广泛的条件、大量的调查数据中得来,忽视了政策和实践结论的复杂性,使建议显得浅薄而没有说服力。复杂的政策和教育实践不可能建立在单一的研究之上,这种推理性的建议将作者一己之见与科学依据混为一谈,不但没有任何价值,而且减弱了证据的公正性。因此,单一研究结果经各方面证实是存在缺陷的,即使表面上无缺陷,也不能普及应用,复杂性思维告诉学术期刊编辑,对学术论文的审读和选择具有复杂性和艰巨性,需要关注两方面的研究:一方面是研究综述,包括对研究成果转化为实践或对政策产生实际影响的探讨等,另一方面是针对某一项特定研究潜在的实践意义,由期刊组织评论或者对话形式的栏目,以专业视野来评估,而不同于仅仅来自单一论文形式的研究,更多地鼓励作者能够多进行跨学科、多学科、交叉学科以及整合学科的研究。复杂性思维还要求编辑开拓出版思路,不能简单地运用单一渠道和单一手段来开展编辑工作,一系列的问题未来都将在大数据时代运用人类的思维和技术解决。

3. 个性化思维,即挖掘具有巨大潜力的大数据

个性化(特别是智能个性化)是大数据思维的核心,个性化技术是大数据时代最重要的技术。在大数据时代,仅仅为客户提供一个简单的登录页面已远远不能满足客户需求,网站的设计还要具有视觉上的吸引力。此外,网站的内容应更加翔实,能发挥其潜能并能实现客户的有效转化。对于学术期刊编辑来说,用户就是读者,而读者当中有不少都是作者(包括潜在作者),因此其个性化思维就是能在网络时代的海量数据中,挖掘出潜在的研究议题和不断变化的读者需求。

缺少个性是困扰众多学术期刊编辑工作的严重问题。千刊一面、毫无特色、内容拼盘已经波及学术期刊的网站、微博、微信公众号等数字出版形式,导致大多数学术期刊在新媒体应用方面难尽如人意,对纸质媒体的照搬做法已经远远不能满足当今读者的多元化需求。另外,数字发行的价值也被严重低估。很多学术期刊编辑只管埋头收稿发稿,根本不问读者在哪里、在思考什么。目前,学术期刊都在建立自己的数据库,但真正会利用数据库的期刊编辑却凤毛麟角。学术数据库里哪些读者在下载或在线浏览哪些文章?他们是有目的地精读还是无意地略读?如何能够找到这些读者并与他们进行点对点的交流?这些是学术期刊编辑需要挖掘的最大价值来源,而事实上,大量潜在的有价值数据还没有被开发就白白地流失掉了。一旦编辑能够掌握这些数据,不仅可以挖掘出学术研究的潜在议题,而且还能够反复利用开发,从中找到真正

的读者群和作者群。

四、结语

对于学术期刊来说,出版业进入大数据时代已经不再是遥远的未来,大数据带来的全新理念和价值也不可估量,大数据思维的价值远远不止相关性思维、复杂性思维和个性化思维这3种。出版业发展日新月异,责任和使命并行,正在积极把握大数据全球化这一发展趋势所带来的契机。学术期刊也是媒介,离不开媒介发展的大环境,因此,遵循出版发展的规律和顺应出版发展的趋势,是学术期刊编辑必须转变的观念。在大数据语境下,编辑应结合刊物自身特点,直面时代带给学术期刊的挑战和问题,不断进行思维创新和观念的突破,努力与大数据对接,积极应对这场变革,这也是编辑在学术期刊转型时应承担的责任和历史使命。

(孙珏、张文忠,发表于《科技与出版》2016年第2期)

编辑的职业倦怠和自我调适

职业倦怠(occupation burnout)又称"职业枯竭",是指个体在工作中处于一种身心疲劳与耗竭的状态。也有人把"职业倦怠"与"职业枯竭"作程度上的区分,认为"职业枯竭"是"职业倦怠"的进一步发展,就像能量由即将耗尽到彻底丧失一样。笔者不作这样的区分,而是将两者同义使用。职业倦怠的概念最早由美国学者费登伯格于1974年提出,1980年第一届国际职业倦怠研讨会召开,此后,"职业倦怠"作为一个专门术语流传开来。1981年,美国心理学家马勒诗将职业倦怠定义为"在以人为服务对象的职业领域中,个体的一种情感耗竭、人格解体和个人成就感降低的症状"。

一般认为,职业倦怠容易发生在两类群体中:一类是助人行业、如教师、医护人员、心理咨询师等,这类职业的人在给别人提供帮助时,付出很多,容易把自身的能量耗尽,如不注意补充心理能量,极易产生职业倦怠;另一类是高压力群体,如高级白领、高层管理人员以及其他处于竞争激烈的岗位的人,当个体难以应付巨大的工作压力时,就容易产生身心耗竭的状态。不过,如果工作毫无压力、缺乏挑战性,个人能力无从发挥,更谈不上有工作成就感,也容易产生职业倦怠。编辑作为一种为他人作嫁衣裳的工作,常常是默默地在背后为他人付出很多,所获回报甚少,本质上也是一种助人的行业。此外,传统出版业遭受到前所未有的挑战,编辑们纠结于文化传承与经济指标的艰难抉择中,工作压力的增长与经济地位、社会地位的相对下降形成了鲜明的对比。因此,可以说,编辑工作同时具备了容易产生职业倦怠的两大群体的特征,编辑是职业倦怠的高发人群。

一、编辑职业倦怠的具体表现

编辑职业倦怠的产生有一个渐变的过程。首先是蜜月期。满怀理想走上充满新鲜感的编辑岗位,心理能量充足,有热情有知识储备,精神饱满,信心十足,浑身似乎有使不完的劲。每当编辑出版一本新书,就像迎接新生命的诞生,心中充满喜悦。这段时间持续数月或数年,因人而异,长短不一。第二个阶段是成熟期。只要不离开编辑岗位,一直努力工作,大部分人都会进入这一阶段。这时工作中少了些冲动、激情,多了些成熟、稳重,经验更加丰富,工作有条不紊,得心应手。第三阶段是能量耗尽期。一部分人由于工作、个人或者社会环境的因素,开始转入职业倦怠初期,这时工作热情减退,对学界业界的职业敏感性下降,难以提出有价值的选题,编辑工作效率下降,错误频出。第四阶段是职业倦怠期。这时工作完全处于应付状态,在认知、情感价值感、人际关系、行为,甚至生理上都出现问题。这时如果不及时进行组织干预或者自我心理调适,进一步的发展可能就是辞职跳槽,或者出现心理、生理疾病。一般来说,编辑出现职业倦怠有以下 5 个主要特征:

1. 生命价值感衰落

具体来说,就是对自己编辑工作的价值、自我能力、自己生命的价值评价降低。当职业倦怠出现时，首先是对编辑工作的价值产生怀疑。曾经喜欢并感到自豪的工作，这时却觉得越来越没有价值。于是工作积极性就会下降，工作动力就会丧失。接着，自我效能感下降，感到自己越来越不能胜任自己的工作，在工作中表现得无能甚至退缩。进一步发展，开始怀疑自己生命的价值。

2. 江郎才尽，才智枯竭

工作多年后，感到自己总在不断付出，有一种被掏空的感觉。由于编辑工作繁忙，多年来忽视了自身的学习，当工作的厌倦感袭来时，又猛然间发现自己知识贫乏，能力下降，感到自己落伍了，一种被时代抛弃的无力感就会油然而生。

3. 情绪烦躁，悲观沮丧

在工作、生活中，总是情绪烦躁，常为一点小事发脾气，并且很容易迁怒别人。明明是自己犯的错，却没有心理能量来承担责任，只有把错误推到别人身上才能缓解压力。同事善意的批评被误解为存心找碴。对职业前景过分悲观失望，自己想有所变化，却有一种无助无力感。

4. 人际关系紧张

当处于职业倦怠期，一方面由于对工作敷衍马虎，工作效能下降，编校质量下降，同事、领导的批评在所难免；另一方面，自己又变得多疑、猜忌，对别人没有信任，充满批判性，这就造成工作中人际关系的紧张。

5. 生理枯竭

这是职业倦怠在生理上的反应。包括精力不旺盛，总是无精打采，审稿时常常走神；睡眠出现障碍，如难以入睡，早醒，或是感觉睡眠质量不高,总在做梦,醒后又是昏昏沉沉;经常头痛、背痛、肠胃不适;免疫力下降,容易感冒常靠浓茶、浓咖啡来提神,或者是过度饮酒、吸烟。

二、编辑出现职业倦怠的成因分析

心理学家马勒诗(Maslach)和雷特(Leiter)通过研究,于1997年提出了职业倦怠的工作匹配理论,认为员工与工作在以下6个方面越不匹配,就越容易出现职业倦怠:(1)工作负荷。如工作过量、压力过大。(2)控制。不匹配与无力感有关,个体不能控制工作中所需的资源,对使用他们认为最有效的工作方式没有足够的权威。(3)报酬。不仅包括经济报酬,还包括各种广义的回报。(4)社会交往。比如与周围同事没有积极的联系。(5)公平。如工作量与报酬的不公平,评价与升迁的不公平。(6)价值观冲突。如与周围同事上级领导或者公司的价值观不一致。实际上,造成编辑职业倦怠的原因是纷繁复杂的,既有环境的因素,也有个人的因素。环境因素既包括社会大环境的,也包括单位小环境的。个人因素既包括个性、心理方面的特征,也包括人生观价值观的影响。结合编辑工作的特点以及当前出版业面临严峻挑战的现实,笔者认为,以下四个方面是造成当下编辑产生职业倦怠的主要原因:

1. 传统出版业面临的困境使编辑对职业前景产生困惑和迷茫

如果把传统出版业比作装载着人类精神食粮的一艘巨轮,穿行在时代的波峰浪谷,那么当下它无疑正在低谷徘徊。在传统出版的数字化转型一时还难以实现的当下,编辑从来没有像今天这样对自己的职业前景忧心忡忡。事实上,编辑已切身感受到了工作的困难,倾注着自己无数心血和汗水的出版物,销售变得异常困难,退货率居高不下,对于什么样的图书能受到市场的欢迎,心中越来越充满困惑。每种图书销量的减少势必造成利润的微薄,于是编辑为完成经济指标不得不寻找更多的选题、编辑更多的图书,繁重的工作使得编辑不堪重负。传统出版业的衰落,工作难度的增加,对职业前景的迷茫,已成为编辑产生职业倦怠的主要原因之一。

2. 出版社转型改制后产生的价值观冲突

我国的出版业正面临着前所未有的大变局,出版社成为企业后,图书的商品性质得到重视,文化属性却往往被忽视,虽然口头上仍讲社会效益第一,实际上经济效益成为硬道理。在对编辑的考核中,利润成了最主要的指标。在这样的大环境中,不少人到中年的有责任心、有良知、有文化情怀的编辑感到了不适应,产生了价值观的强烈冲突。在 10 年、20 年前,编辑的经济地位、社会地位都是今天所无法比拟的,投身出版业的大多是当时大学生、研究生中的佼佼者,他们中许多人是因为对指引他们成长的图书怀有敬意而走上了编辑岗位,他们为能做些文化传播、文化积累的工作而心满意足。据学者观察,恰恰是这样一些今天成为出版业骨干的编辑,更容易产生职业倦怠。这是由于对事业全身心的投入、对自己理想的执着追求不被认可,个人的出版价值观与企业的目标不一致所导致的。因此,价值观的冲突也是不少优秀编辑产生职业倦怠,甚至转行跳槽的重要原因。

3. 无法承受的工作压力使工作热情消退

编辑工作是一种压力很大的工作,首先是责任重大,可以说每本书在付印前，编辑签字付印的笔仿佛重如千钧，心中总有如履薄冰之感，生怕稿子还有这样那样的问题没有处理好。书一旦印出，错误就难以弥补。其次是工作量大，每本书的出版都凝结着编辑付出的大量汗水和劳动。图书出版的每一个环节都离不开编辑大量默默无闻的付出。再次，编辑工作要求高。提出好的选题，编辑必须有开拓创新的思路、高瞻远瞩的眼光，书稿的处理又必须有深厚的学术水平、文字水平。因此编辑需要不断学习，提高自己的理论水平、业务水平，这种要求对编辑来说也是不小的压力。长期的、持续的超负荷工作压力，导致编辑身心耗竭，工作热情消退，职业倦怠也就不期而至。

4. 编辑工作高付出与低回报之间的落差，成就感的缺失和自我评价的降低

首先，编辑工作的高付出往往得不到社会的承认。其次，编辑的经济地位相对下降。由于传统出版业面临越来越多的困境，编辑的经济收入的相对水平正日益下降，与同龄人中相同教育背景的人相比，经济地位低下。第三，编辑的社会地位也正不断下降。出版社转制后，一些唯利是图的错误出版观念使得图书单纯成为营利的商品。一些编辑为出版能迎合市场的低劣图书，在作者面前唯唯诺诺，职业尊严尽失。第四，编辑工作职位、职称晋升困难，职业生涯受挫。出版社属于文化产业，编辑学历以本科生、硕士生为主，甚至不少是博士生，长年累月不断地付出，除了将自己的智慧、才华凝结在他人的著作中，自己在专业上的进一步发展比较困难。同时，出版社的编辑与科研单位、学校中同学历、同年龄的人相比，职称晋升普遍困难，这不能不让编辑感到失落、消沉。

三、编辑职业倦怠的自我调适

从以上对编辑产生职业倦怠的主要原因的分析可知,职业倦怠的产生,无非是外部环境因素作用于个人而产生的,环境因素起主导作用。从本质上说,编辑岗位的外部环境快速变化、激烈竞争等一系列因素,使得编辑个人与岗位不相匹配,同时编辑对改变环境或者改变自己又感到无能为力时,就容易产生职业倦怠。因此,对编辑职业倦怠进行干扰,一方面,作为出版社来说,可以从改变外部环境入手,即创设防止职业倦怠产生的积极因素。从某种意义上来说,这是最直接有效的干预措施。例如,创设轻松和谐的工作环境,不断提高编辑的福利待遇,适当减轻工作压力,帮助解决工作、生活中的困难,提高编辑的主观幸福感;建立公平、公开公正的激励机制,为编辑搭建职业发展的舞台,使编辑在职位晋升、职称晋升上充满希望;创设编辑学习和培训的条件,引导编辑找到自身的优势,充分发掘潜力,努力成长为专家型编辑,满足自我实现的渴望;等等。然而,影响编辑职业倦怠的外部因素并不是出版社都能解决的,或者是不能马上解决的,因此另一方面,就需要编辑个人通过自我调适来预防和克服职业倦怠。以下4方面的自我调适是编辑预防克服职业倦怠的有效途径。

1. 认知的自我调适

处于职业倦怠期的编辑,在无力改变外界因素的情况下,通过改变认知来克服职业倦怠,是一个最有成效的方法。心理学的原理告诉我们,人的认知过程是行为和情绪的中介,不适应行为和不良情绪都可以从认知中找到原因。当认知中的曲解成分被揭示出来,正确合理地再认识,并进行有效调整,不良情绪和不适应行为也就能随之得到改善。比如,只看到传统纸质出版的衰落,我们会感到职业前景黯淡,但如果同时也能看到传统出版社向数字出版转型后,也许迎来的又是一个艳阳天,那么我们不就应该对前途充满希望吗?只看到编辑工作压力大、回报低,我们会丧失工作热情,产生倦怠,但我们是不是也能体会到从一个设想创意到最后变成散发油墨芳香的精美图书,那种自由创造的工作乐趣,是不是想到?工作压力大也能锻炼自己的工作能力。总之,编辑要学会全面地、多角度地看待那些引起职业倦怠的因素。从消极因素中看到积极因素,从黑暗中看到黎明的曙光,当认知得到了重建,职业倦怠也就得到克服。

2. 心境的自我调适

心境是一种持久的、弥散性的情绪状态,它是人在某段时间内的心理活动的基本背景,能使人的一切活动和体验都染上一定的情绪色彩。编辑首先要学会正确全面地看待工作中的得失、事业上的成败、人际关系的亲疏、生活条件的优劣、健康状况的好坏,尽量不让外界不利因素影响人的心境。其次,要通过意志力的锻炼、良好人格的培养,并充分发挥理想、信念的引导作用,从而克服消极心境,培养积极心境。当编辑总是在积极良好的心境下工作、生活,那么职业倦怠也就无从谈起。

3. 职业生涯规划的自我调适

编辑产生职业倦怠不少是由于职业适应与发展方面引起的种种烦恼和困惑所导致的。职业适应与发展出现问题,既可能是由于个性、能力水平不能适应编辑岗位新的要求,也可能是个人的付出没有得到相应的回报,包括经济报酬、职位职称的晋升、社会地位提高等等。因此,编辑首先必须客观地认识自我、了解自我、评价自我,弄清楚自己在工作上有哪些劣势和不足,通过不断的学习和锻炼,利用各种机会发展自己的能力和水平,从而使自己在编辑岗位上得心应手,游刃有余。其次,调整自己的职业定位,既不能对自己毫无要求,也不能设置无法达到的目标。比如在工作、事业上,人人都想出类拔萃,但大多数是默默无闻的普通人,我们只要在各自的岗位上尽到了自己最大的努力,做最好的自己,也就没有什么值得遗憾的了。第三,弄清楚自己到底希望从编辑职业中得到什么,自己的价值追求是什么。如果能认识到编辑工作担负着文化传播、文化传承、文化创新这样崇高的使命,自己作为一名编辑无比自豪,那么我们就不必与昔日同窗去比职称、待遇、名利,我们工作的心态就会平和许多,也不会按世俗的标准去轻易否定自己曾经的付出。当我们胜任编辑的工作,理解这份工作的意义,并体会到工作的价值感和成就感,也就远离了职业倦怠。

4. 工作与休闲、事业与家庭平衡的自我调适

编辑要能够分清工作的轻重缓急,挤出时间休个假,暂时放空自己,让工作中的不快烟消云散,能抽出时间去户外运动,因为运动是绝佳的减压方法,不仅强健身体,也能带来好心情。工作与休闲的平衡,使编辑能保证有充足的精力面对工作。同时,编辑在忙于事业时,抽空与家人相处、与朋友交往,是防止产生职业倦怠的有效方法。

(张文忠,发表于《编辑学刊》2012年第4期)

高职院校数字出版专业
人才能力层次结构探究

一、引言

根据《教育部办公厅关于做好〈高等职业学校专业教学标准〉修(制)订工作的通知》的要求和安排,我国数字出版专业教育正式开设以来首次制定的统一教学规范《高等职业学校数字出版专业教学标准》(以下简称《标准》)于2018年10月正式启动,经过近一年时间组织开展相关调研、修订、起草和内部审定工作,2019年9月专家组形成了调研报告、《标准》草稿及《标准》制订说明,并向新闻出版行业职业教育教学指导委员会申请审定验收。

为适应新技术环境下出版产业数字化、信息化、网络化等发展的新要求,2010年,上海出版印刷高等专科学校率先在全国高职院校中开设数字出版专业,目前开设数字出版专业的其他高职院校主要包括安徽新闻出版职业技术学院、广东轻工职业技术学院、湖南大众传媒职业技术学院、江西传媒职业学院等近10所院校,2018年高职院校数字出版专业年度招生总人数近500人。然而在本次《标准》制订调研中发现,各高职院校数字出版专业在人才培养的能力层次要求上存在着较大的差异性,造成各院校的人才培养目标、专业定位、核心课程设置、教学与实训安排缺乏统一的规范,亟待标准化建设。

二、现状与问题

高职院校将高素质技能型人才作为培养目标,尤其强调了对技术应用能力的培养要求。当下,高职院校数字出版专业在制定专业培养方案的时候,对数字出版相关能力的界定普遍包含了语言文字表达能力、数字出版物策划和框架结构设计能力、界面设计能力、信息采集与编辑能力、版面设计与排版能力、网站网页制作与更新能力、美术设计能力、多媒体产品加工制作能力、摄影与图片处理能力、编辑与办公软件使用能力、互联网/移动互联网推广能力等。

人才能力的确定对课程设置与教学安排具有直接的影响。当下高职院校数字出版专业有的基于出版专业基础课程模块,在着重培养学生的出版素养的基础上,通过加载网络编辑、网络书店操作、电子书制作与传播、网页设计与网站管理、自助出版等数字出版相关技术课程,打造数字出版教学模块。还有的院校为了体现数字技术和出版专业的交叉性,将传统出版理论类课程如出版学基础、编辑理论、出版物营销等以及数字技术与信息管理类基础课程如计算机基础、软件工程、信息组织与检索等一并纳入"平台类课程",并通过设置面向各种新型数字出版业务如电子书、数字报刊、网络游戏、数字动漫等的"模块课程",打造教学培养方案。因此,以传统出版课程为基本体系,进而直接扩充或在此基础上增加数字技术理论与新媒体应用等与数字出版技能相关的课程,提高学生在多媒体平台上进行编辑运作的能力是目前高职院校数字出版专业主流的培养方案。

然而这种数字出版专业人才培养方案已越来越受到质疑,有学者指出这是一种简单的"新老结构叠加"或者"新葫芦里卖老药"的模式,只是在原本编辑出版教学课程的基础上增设了部分数字技术课与实践课程,实际教学课程结构仍然是以往的"公共基础—专业知识—专业拓展"这种老三段的教学模式。对企业来说,由于数字出版是新兴行业,其内部也处在一个摸索前进的状态,出自传统型出版教育体制下的学生缺乏对数字出版的深刻理解与相应技能,所以先天不足,企业也没有过多的资源去对已经成型的传统或数字出版人才进行重塑和教育,导致企业的人才接纳力不足;而毕业生学非所用,人才流失浪费。

能力是完成目标或者任务所体现出来的综合素质,其结构问题是现代心理学中一个非常重要的研究课题,梳理能力因素的结构对于深入理解能力的内涵与特征,准确测量与评价能力的标准,科学地制订能力培养的策略与方法都具有重要的意义。

作为《标准》制定专家组主要负责成员,笔者基于相关调研情况,结合数字出版专业相关的企业需求与高职院校现状,对当下高职院校数字出版专业人才能力层次结构进行归纳与分析,以期为我国各高职院校数字出版专业制订适合行业发展需求的人才培养方案提供一定的参考。

三、高职院校数字出版专业人才能力层次结构分析与培养

依据本次《标准》制定要求,我们对北京、上海、广东、南京、无

锡、镇江等地区的数字出版企业，包括国有企业 12 家、民营企业 48 家、合资企业 12 家、事业单位 10 家的相关负责人进行了面对面及在线访谈，共回收有效调研问卷 80 份，经整理获得数字出版企业对高职院校毕业生能力需求如图 1。

能力类别细项	选择比例	图表展示
互联网思维/用户思维能力	86.0	
产品设计/开发能力	69.8	
选题/策划能力	62.8	
视觉审美能力	58.1	
PPT制作/展示/讲解能力	58.1	
信息获取/编辑能力	55.8	
系统分析能力	51.2	
文案写作/图文编辑能力	48.8	
技术/需求类文档撰写能力	44.2	
模型类封装能力	16.3	
数据分析/挖掘能力	11.6	
创意设计能力	2.3	
视频编导拍摄	2.3	

图 1　数字出版企业对高职院校毕业生能力需求结构分析

英国心理学家弗农于 20 世纪 60 年代在斯皮尔曼的"能力二因素说"基础上提出了能力的层次结构理论。该理论指出能力的组成具有层次等级，最高层次是一般因素，是每一种活动都需要的、所谓一个人"聪明"或"愚笨"的因素；其次是"言语—教育能力"和"操作—机械能力"两大因素群；第三层是小因素群，如"言语—教育能力"又可分为言语因素、数量因素等；最后是特殊因素，特殊因素因人而异，与各种具体能力如操作能力、言语能力等相对应，每一个具体的特殊因素对应一个特定的能力活动，并完成该活动。

基于以上人才能力需求调研及能力层次结构理论，可对高职院校数字出版专业人才能力进行四级分解，得出对应的能力层次结构模型如图 2。

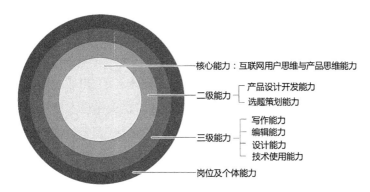

图 2 高职院校数字出版专业人才能力层次结构模型

数字化对传统出版是一种整体生态性的改变,数字出版与对传统出版二者之间存在着本质性的区别。"对于数字出版的理解不能仅仅理解为传统出版的数字化,或者 0 和 1 二进制代码的全流程化。数字出版与传统出版本质性的不同在于信息组织的方式、传播方式、生产流程发生了革命性的变革"。因此,作为一种全新的数字化互联网产品,数字出版从根本上改变了传统出版的思维与模式,高职院校在数字出版专业人才培养过程中如果仍然基于传统出版理论知识为核心基础,通过补充各类数字化技术知识从而期望培养出适合数字出版岗位与发展趋势的合格的人才能力显然是不现实的,必须基于数字化的信息生产、传播、营销全过程,在数字出版专业的人才培养方案、课程设置、教学管理、实习实训等培养策略与方法上做出整体性的变革。

从传统出版的"编辑主导"时代进入到数字出版的"消费者主导"时代,出版企业通过增加出版物的数量来实现增长显然不可取,必须采用"优先化措施"即按照出版价值判断进行优先排序,此时处于强势地位的是用户而不是出版企业。出版企业对出版价值判断的传统方式主要包括：第一，依靠编辑阅读方案或者稿件形成个人喜好的判断；第二，参考作者过去的记录；第三，是和其他同类成功参照物进行比较。但从某种意义上来说，每个新的出版物都是唯一的，它未来的销量严格来说都是未知的，出版企业需要想方设法降低这种不确定性。互联网时代，数字化技术使出版企业能够"连接用户"，以大数据精准构建用户画像，创造精准的销售场景。因此，数字出版工作必须要以用户为核心，找到用户的认同感、发现用户需求，进而实现开发与生产。

因此，高职院校在培养数字出版人才的核心能力，即互联网用户思维及产品思维能力时，需要使学生学习以用户为中心思考问题，从用户需求出发去探寻解决用户痛点和创造产品竞争优势。用户思维是互联网思维的核心，产品思维则是互联网思维的基础，两者缺一不可。在核心课程设置中，需要包括数字出版物设计与制作、数字出版物界面艺术设计、数字音视频编辑制作、数字摄影与后期、微视频创意与制作等当下数字出版主流形式与技术；同时，在教学过程中要指导学生调研传播效果，开阔眼界，多观察、多体验各类数字出版产品，小到对自媒体的关注，大到对国内外知名数字出版平台与全媒体平台的体验，并且鼓励学生多实践与创新，积极参与数字出版产品的制作和传播，并能寻找数据、做分析，检验传播效果，把研究结论应用于数字出版过程。

在培养二级能力即数字出版产品设计开发能力与选题策划能力的培养上，学校对应的课程可设置包括移动应用设计、程序应用设计、虚拟展示仿真设计、出版选题策划、全媒体出版策划等内容。通过这些课程学习，培养学生具备一定的市场意识、开拓创新意识和策划能力,能结合具体内容特点进行较简单的数字出版框架结构设计和界面形式设计,能够从产品开发策划、选题策划角度学习创作生产满足用户需求、提升用户体验、实现用户个性化要求,增强用户体验的数字出版产品。

数字出版专业人才的三级能力包括写作能力、编辑能力、设计能力与技术使用能力,对应的课程设置可包括新闻采访与写作、语言文字规范、网络编辑实务、数字出版物编辑、版面设计实务、美术设计基础、版面设计基础、模型设计与制作、交互设计基础、网页制作与网站建设、网页动画制作、数据库技术应用等。同时,这些能力的培养除了在正常的课程教学中学习外,还必须在实习实训中进行实战强化学习,从以"教"为中心的教学模式转换到以"学"为中心的全新的教学模式,进一步突出"以生为本"的人才培养模式。

在培养岗位及个体能力方面,基于校企合作联合培养及订单式培养模式,学生可以通过目标性的岗位实践,对数字出版企业的岗位要求和未来发展有客观的认识与了解,进而努力提高自己的岗位专业能力和个人职业素养,避免了学习时散漫、无目标的状态和对工作兴趣低的问题,从而实现人才培养与社会需求的无缝对接。此外,基于校企合作,企业可以深度参与数字出版专业建设、教学管理与培养方案规划全过程,实现"人尽其才、才尽其用",达到提高教学质量、提升教学效率的作用。

四、结论

习近平总书记就加快职业教育发展提出树立正确人才观,培育和践行社会主义核心价值观,着力提高人才培养质量,弘扬劳动光荣、技能宝贵、创造伟大的时代风尚，营造人人皆可成才、人人尽展其才的良好环境，努力培养数以亿计的高素质劳动者和技术技能人才的重要指示。高职院校必须制定准确的人才培养方案，才能培育社会所需要的高素质技术技能人才。

数字出版专业发展至今将近 10 年，与其他专业相比于仍较为年轻，其教学设计、培养体系中仍有许多尚待完善之处。数字出版专业能力培养不能仅仅是出版专业课程与数字技术课程的简单相加，专业人才能力层次结构的确定，为我国高职院校数字出版人才培养的课程内容设置、教学优先级安排、实验室设置、实训教学计划指定、导师配备、实训基地选择、产教融合内容设置等教学培养规划提供了有价值的参考依据及新的研究思路。

（朱军、张文忠，发表于《中国编辑》2020 年第 7 期）

基于胜任力模型的数字出版人才培养优化探究

一、引言

为适应新技术环境下出版产业数字化、信息化、网络化等发展的新要求,2008年,北京印刷学院开设了传播学专业数字出版方向,可看作是国内数字出版专业教育的前身。2010年,上海出版印刷高等专科学校率先在全国正式开设数字出版专业。据公开信息统计,目前我国已有24所本专科高校开设数字出版专业,数字出版专业人才培养体系逐渐形成。

数字出版不能仅仅理解为传统出版方式的数字化,数字出版与传统出版在信息的组织方式、传播方式、生产流程上都发生了颠覆性的改变,具有本质性的差异。因此,数字出版专业人才培养需要在课程设置、教学管理、实习实训等方面都需要进行突破与创新,而不是简单地在传统出版专业基础上增设部分数字技术课程与实践课程。

二、问题提出

为制订我国数字出版专业正式开设以来首部统一教学规范

《高等职业学校数字出版专业教学标准》,专家组于2019年对北京、上海、广州、深圳、南京、无锡、镇江等地区的80家数字出版企业的相关负责人进行了访谈调研,经整理统计当前企业对数字出版专业毕业生存在的主要问题反映如下(表1):

表1 数字出版企业对本专业毕业生存在问题的反映情况

序号	数字出版专业毕业生存在的问题	反映问题的企业数量(家)	比例(%)
1	岗位适应能力不足	73	91.3
2	行业、岗位熟悉程度不足	70	87.5
3	专业技术能力不足	69	86.3
4	敬业及努力程度不足	67	83.8
5	互联网思维与用户思维不足	66	82.5
6	知识结构不合理	64	80.0
7	动手实战能力不足	63	78.8
8	创新意识不足	63	78.8
9	视野不够开阔	62	77.5
10	语言文字处理能力不足	58	72.5

近两年,关于数字出版人才培养研究主要集中于媒体融合发展环境下的"三教"(教师、教材、教法)改革探索与实践。刘玲武、唐哲瑶(2019)提出,产教融合培养中需要将各类创新活动以"工作场景式"的方式融入日常教学,创新活动既可以是学生的各类创新创业项目,也可以是与行业企业的合作项目,从而为学生增加实际工作经验,在实践中发现不足之处。沈秀等(2019)提出,数字出版人才需要文理兼修实现融合性,因此高校应当精心挑选课程内容,可以适当舍弃课程中的部分理论,进一步强化技术性、实践性强的

内容,包括可以直接将数字出版行业的专业软件操作、行业法律规范等作为教学内容。王菊荣(2019)经调研发现,由于数字出版软件特别是音视频类软件更新速度快,导致许多高校教师难以胜任最新技术的教学工作,因此需要加强对师资的行业企业培训实训,同时需要以制度保障外聘教师合法权益,从而实现师资配备调整,使教师知识结构与时俱进。刘金荣(2018)认为,即便当前已有的部分专业课程难以适应数字出版行业的发展变化,也不能盲目跟风和频繁更改课程设置,专业人才培养体系建设当务之急还是需要在课外寻求新的培养平台,通过与数字出版企业共投、共建实训基地,加大数字出版人才培养的实训力度才是解决之道。

综上所述,这些代表性的研究对目前我国数字出版人才培养中存在的知识结构、师资力量、教学方法等具体问题给出了一些针对性的对策建议,然而在数字出版企业调研中所反映的问题焦点与实质,实际是数字出版专业人才具备能力与工作岗位需求能力间的矛盾。面对日新月异的信息技术与层出不穷的出版形态造成的学习、应用、创新等应接不暇的挑战,目前各类碎片化和局部化的改进方法都还停留在原有知识与能力的基础上进行补缺补漏的表象层面,"头痛医头脚痛医脚"的策略难以收到彻底和长久的效果。

不谋万世者,不足谋一时;不谋全局者,不足谋一域。习近平总书记指出,必须从纷繁复杂的事物表象中把准改革脉搏,把握全面深化改革的内在规律。因此,数字出版人才培养的教育改革需要从更深层次的人才胜任力角度认识及解决问题,对现有的人才培养工作进行优化。

三、模型引入与基本内涵

对人才胜任力的研究方面,被广泛应用的权威理论是美国心理学家斯宾塞(Spencer A. Rathus)等提出的胜任力模型(competence model)。斯宾塞认为胜任力不仅表现于外显的知识与技能,还包括了内在的社会角色、自我概念、特质、动机等个人的认知态度或价值观,并且这些深层次特征是能够明确区分绩效优秀者和绩效一般者,导致个体在某个或某些岗位上取得优秀绩效的内在品质或内在特征。胜任力模型是当下人力资源管理的重要基础理论,在工作分析与设计、员工招聘与培训、职业生涯规划、绩效管理等方面起到了重要的指导作用,通过胜任力冰山模型(如图)可以清晰地将胜任力以表面胜任力与潜在胜任力所包含的特征区分出来。

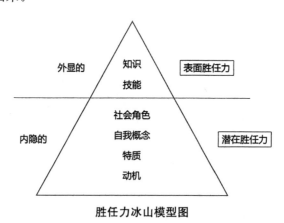

胜任力冰山模型图

胜任力模型将内隐的潜在胜任力划分为以下4种特征:第一,社会角色。社会学认为伴随着社会位置及身份角色的变化,人的思想观念与行为模式会发生相应的转变。对于大学生而言,其社会角色将面临从学生身份向转为职业人的彻底转变,随之而来的就是思想观念和行为模式也将发生巨大的变化。第二,自我概念。自我概念是人对自我属性的认知,由个体通过直观感受、经验总结、自我反省及他人反馈等方式逐步形成并随着个体认知的更新而不断变化。自我概念引导着个体行为,研究表明自我概念引发与其性质相一致或自我支持性的期望,并使人们倾向于运用可以导致这种期望得以实现的方式行为,因而自我概念具有预言自我实现的作用。第三,特质。心理学提出特质是个人在认识、情感、意志等心理活动过程中表现出来的相对稳定而又不同于他人的心理、生理特点,特质是个体众多行为中最稳定的部分,是个人人格特点的行为倾向表现,对特质的准确认识有助于精准地预测行为。第四,动机。动机是指引发并维持活动的倾向或主观愿望,产生并保持强烈的学习动机,对大学生学习行为起着重要作用。当下部分大学生对学校人才培养模式、课程设置、师资水平、教学方法,以及就业环境、职业发展等方面满意度不高,导致学习动机不足,学习效果较差。

上述 4 种特征中,社会角色、自我概念、动机是个人知识与技能学习的内驱力。内驱力是个体在环境和自我交流的过程中因需要而产生的一种内部动力,具有驱动效应,给个体以积极暗示的生物信号。内驱力的实质是一种无意识力量,源于最原始的心理体验在人脑中的反映,驱使有机体产生一定行为的内部力量。内驱力不仅是生理需要产生的紧张状态,同时也是心理上的,并对行动的方向和效果起到了直接影响作用。在不明朗的就业形势、宽松的学习环境、频繁的知识更新背景下,大学生很容易因为内驱力不强而在学习兴趣、态度、心理等方面产生种种问题,并导致其毕业后的工作胜任度不足。此外,个人特质作为客观存在的事实,正确认识大学生的个体特质将有助于在人才培养过程中尊重个体差异,并开展针对性的知识与技能的教育与培训,进而为大学生适应合适的工作岗位需求服务。

在数字出版人才培养时,外显的表面胜任力即知识和技能容易被发现与观测,相对而言也比较容易通过培训来改变和发展。而潜在胜任力是内在的、难以测量的部分,它们不太直接展现于外界,但却对外在的行为与表现起着长久性的、关键性的作用。因此,对于数字出版人才培养来说,在注重提升知识与技能两个表面胜任力的同时,关键还需要对内隐的潜在胜任力进行相应优化。

四、数字出版人才培养优化建议

1. 社会角色——适应从"大学生"到"职业人"的转变

大学生走向工作岗位,面临着从"大学生"向"职业人"的社会角色转变。前者是接受家庭经济供给和资助,在象牙塔里成长并接受教育;而后者需要自己面对社会压力,按照社会角色的需要担当不可推卸的社会责任。当下部分大学毕业生习惯于无忧无虑和自由散漫的学生角色,走入社会后不能迅速适应新的社会角色,甚至是一些学习比较出色的学生也会在这样的变化中感到难以适应。针对数字出版人才培养工作来说,对社会角色转变方面可在以下几点注意加强:

首先,加强思政教育,牢固树立学生政治意识和正确价值观。出版工作的特性决定了要把握正确舆论导向,注重政治站位,强化

"四个意识",提高政治能力,切实履行新使命实现新作为。因此,在人才培养过程中必须加强思政教育,使学生坚持党性原则,在政治上与党中央保持高度一致,牢固树立政治意识和正确的思想价值观,在保证社会效益的前提下实现经济效益。

其次,引入真实项目实习实践,培养学生的市场意识。经过近10年的高速发展,数字出版不仅已对传统出版行业造成了巨大的冲击,并且市场竞争的激烈程度也远超传统出版业。因此,在数字出版人才培养中,需要打破传统教学模式,运用真实的企业项目进行实践教学。尤其在校企合作培养中,可让学生参与数字出版开发企划作为学习项目,通过市场调研实践分析出版主题,收集与拟开发主题相关的内容,并学习运用视频技术进行项目在线路演推广。通过这样完整的学习情境,学生能够完成数字出版教学内容的学习,在不断实践的项目中完善自身专业能力,提高对市场的把控能力。

第三,指导学生的职业生涯规划,提升职业认知能力。数字出版涉及的行业广,数字技术高速发展,产品形态日新月异,对人才的需求也在不断变化,面对的机遇与挑战并存。因此,学生对自己的职业生涯必须要有严谨而认真的规划。学校在开设职业生涯和就业指导课程的基础上,可以通过持续邀请企业精英、杰出校友等优秀代表向学生介绍奋斗经历、市场形势等,加深学生对数字出版专业的就业前景和成长目标的认识,促使学生从大一开始就了解并时刻关注数字出版行业的发展与变化,从而尽早确定职业方向与目标并为之努力。

2. 自我概念——培养健全完善的人格素质

自我概念发展有阶段性,在各阶段性中,学生的自我意识、自身愿望及自我评价会有所不同。数字出版人才培养工作需要帮助学生及时认识自我,进而转化为自我要求,对感兴趣的知识及技能进行主动学习,比如有的学生通过在线游戏类项目,意识到3D建模技术产生兴趣进而学习,有的学生通过电子图书项目的实训,意识到图片与音视频处理技术的重要性并产生兴趣,从而更有针对性地安排相应的实践锻炼。在完善数字出版专业人才自我概念方面的工作建议包括:

首先,重视学生自主学习能力的培养。长期以来,我国实行的教育模式是以教师为主体,以灌输为主要方式的教育模式,造成了部分学生必须在强制要求下才能学习。对于需要快速自主学习的数字出版工作来说,学生的学习必须从依赖性转向自主性与主动性,乐于主动学习,接受新鲜事物,实现知识不断更新。数字出版即将进入5G时代,面临全新的技术、全新的平台,如果不能主动学习,即使在校期间学习了一些当下的数字出版技术,也将很快无法胜任工作。

第二,重视学生创新精神的培养。数字出版工作对信息的运作能力和产品的运营能力提出了极高的要求,人才培养模式需要考虑激发学生敢于强调自我,乐于接受新鲜事物,思维活跃,具有批判精神的内在动力。并且在教学过程中,教师与学生之间体现平等交互的学习引导关系,有助于培养学生的自主性,鼓励学生通过自己的智力与亲身的经历去完成学习行为,培养成为有头脑、善思考、有主见、有追求、有创造精神的新一代数字出版人才。

第三,运用适当的策略帮助学生完善自我概念。数字出版没有统一标准的固定成功模式,需要随着各种状况不断进行更新与迭代,这种频繁调整的状态让许多学生无法适应备受挫折,所以数字出版人才培养过程中要注意提高学生的耐挫力。挫折无可避免,但对挫折的反应因人而异,有人颓废沮丧,有人百折不挠,必须根据教育对象的心理、生理特点进行引导,帮助学生确定适当的抱负水平,体验成功的愉快和满足感。同时,学校应为学生创造多样化的表现展示机会,如可以把学生优秀的短视频作品通过特定的资源进行推广,引导学生肯定与欣赏自我价值,这也是完善学生自我概念、培养健全人格所必需的,对后进生和自卑感较重的学生来说尤为重要。

3. 特质——尊重个体差异的教学调整

美国哈佛大学心理学家霍华德·加德纳(Howard Gardner)的"多元智能理论"研究提出,每个人生来即具有多种智能,包括语言智能、数理逻辑智能、视觉空间智能、身体运动智能、音乐智能、人际关系智能、内省智能和自然观察智能,并且人的各种智能也不是均匀分布、均衡发展的,绝大多数人只是拥有其中的一种或者几种智能。在数字出版人才培养过程中,认识并尊重个体差异从而因材施教,将实现更显著的培养效果。

经公开资料查询得知,目前我国大多数高校数字出版专业的班级规模都保持在40人以上,有的学校甚至达到70到80人,如此庞大的班级人数使得教师无法去了解每个学生的特点,并根据学生特点因材施教。数字出版强调多样化、个性化、创意性的特点,决定了以流水线的方式大批地生产规格较为统一的人才培养模式无法适应人才需求;相反,在通识课程外以兴趣小组授课方式可以使得教师有条件去了解学生并根据学生自身特点与兴趣爱好进行教学,将极大地提升学生的学习兴致与学习效率。在兴趣小组的组成上,可以在综合考虑学生各方面条件的相似性,如相似的学生个性,相似的知识背景等基础上,结合学生的相似兴趣爱好从而让有最大相似性的学生组成同一个学习团体。同时,兴趣小组的组成可以使得有共同爱好和兴趣的学生互帮互学,并在相互的影响中进一步提高兴趣。

同时,通过对学生的个性化培养目标设定,有助于帮助每个学生尽早完成职业适应。如对爱好做文字创作有志于做内容编辑的学生与爱好做短视频创作而有志于做自媒体运营的学生,学校应当安排不同的教学场景与对应的指导老师。否则,两个学生虽然从事的都是数字出版工作,实际工作内容却千差万别,统一化的教学内容与教学方法无法针对每个学生的兴趣提供更深入的学习机会。因此,针对学生的个性化特点与兴趣爱好,将"职业元素"与"因材施教"相对应,有利于实现人才社会化、职业化顺利转变。

4. 动机——树立积极的奋斗目标与自我认同感

当代大学生个性鲜明而张扬,他们格外重视他人对自己的评价,希望能得到他人的认同,实现自我价值。在学校中,学习动机的增强,有助于学生维护自我价值。在社会生活中,在与他人的角逐与竞争中,如果表现优异突出,就会产生成就感,个体的价值也会得以体现。

针对大学生的这种心理特征,学校应该为他们安排具有一定挑战性的任务,比如让学生加入部分真实数字出版的项目中,结合他们的能力为他们安排相应的任务,搜集资料、处理数据信息、拍摄宣传视频、制作动画等,或是让学生从自己的兴趣点出发做创新项目尝试。虽然这些任务对大学生来说具有一定的难度,但只要能产生积极的态度、奋斗的意识,也并非不可以完成。如果能顺利完成任务,学生就会产生超越其他同学的骄傲感,找到自我价值所在,学习动力得以增强,就会从容迎接学习中的各种挑战,学习也将成为主动行为,进而保证学习的效率。

此外,为解决当下大学生普遍具有的就业焦虑感问题,学校通过校企合作、订单培养等方式,与数字出版企业建立起合作关系,安排学生到具体的工作岗位上接受锻炼,使他们知道自己所掌握的知识还有哪些欠缺,理论与实践有哪些差距,如何把理论知识运用到实践当中,实现真正的"学以致用"。通过聘请经验丰富的行业专家做好指导老师,发挥引领示范作用,从而更好地激发学生的求知欲望和实践创新意识,创建良好的学习氛围,能使学生对数字出版专业更加深入地了解,对所学数字出版专业更加自信,产生努力学习的意愿;有了学习的原动力,才能保证学习的效果。

五、结论

《2018—2019中国数字出版产业年度报告》显示,我国数字出版产业持续高速增长势头,2018年整体收入规模达8 330.78亿元,比上年增长17.8%。随着产业的不断扩大,数字出版人才需求也不断提升。数字出版专业发展至今,与其他专业相比仍较为年轻,其教学设计、培养体系中仍有许多尚待完善之处。应对日新月异的行业发展,数字出版人才培养工作如果盲目跟风、生搬硬套,表面上看是积极应对、主动作为,实际上没有认真分析、准确把握,只会顾此失彼、左支右绌。本篇基于胜任力模型,从深层次认识当下人才问题从而优化培养策略,以期为我国数字出版人才培养提供有价值的参考依据及新的研究思路。

(朱军、张文忠,发表于《新闻知识》2020年第4期)

数字出版专业能力培养的敏捷式教学模式探析

一、引言

2020年,一场突如其来的新冠肺炎疫情骤然改变了全世界人们的生活状态,传统线下行业受到极大地冲击,各类在线服务的新增需求迅速出现,尤其随着人们因为疫情期间在家里主动或被动地适应数字化生活,电商、资讯、短视频、游戏、线上教育、线上公共服务等领域出现井喷的势头。从某种意义上来说,此次疫情加速着现有社会运行、工作方式、生活方式的数字化革新。数字化、线上化的转型升级正全面渗透至人类社会的每一个角落。

为推动经济回暖,全国大规模的基建投资已经启动,数字基础建设投资成为了重要的板块,亦使从事数字化内容生产与运营的数字出版人才迎来了新的挑战与机遇。新形势带来新课题,数字出版人才需要面对数字化生态新现状及各类数字技术的新运用,迅速升级更新专业知识能力的问题,从而对各开设数字出版相关专业的各高校在人才培养方法上提出了新要求。

二、现状与需求

2019年12月,我国数字出版专业正式开设以来首部统一教学规范《高等职业学校数字出版专业教学标准》(修订稿)制订完成,明确了当前我国数字出版人才培养的专业能力要求,规定将信息采集、数字化加工、数字化发布作为基本核心能力,并通过加入融媒体出版、移动应用设计、大数据分析、虚拟展示仿真等行业最新发展需求的相关技术课程,以及对数字摄影与图片处理、音视频编辑制作、网页制作等专业课程内容进行更新,进一步提升专业技术应用能力。同时,各高校通过每年制定一次下一年度的人才培养方案,在国家标准的基础上,根据职业面向与职业能力要求,进一步细化教学安排,对课程设置、实践实训与学时分配做出明确规定。

日新月异的数字技术与突变的社会状况对当下数字出版人才在以下方面出现了新的能力需求:第一,资源连接能力。连接资源、合作共赢已成为推动社会与经济发展的必然趋势,从国家层面来看,区域一体化发展已上升成为国家战略,通过协同发展激发动力,推动整体经济迈入高质量发展。从企业层面来看,资源整合能力是企业实现商业模式创新和构建持续竞争优势的重要因素。从更微观的数字出版工作层面来说,靠单一技术或内容的突破已越来越难于产生直接的商业效益,并且抗风险能力较弱,只有将各类主体与资源有效连接在一起,构建和创新商业模式并有效协同,才能实现突破性的发展创新。第二,互联网思维能力。互联网时代,数字化技术使传播者能够连接用户,以大数据精准构建用户画像，创造精准的销售场景。因此，数字出版工作必须要以用户为核心，找到用户的认同感、发现用户需求，进而实现信息生产与传播。此外，数据分析是互联网时代科学决策与管理的基础，因此在数字出版传播过程中要注意获取各类数据、分析检验传播效果，从而总结出规律与方法。第三，融媒体叙事能力。融媒体传播的根本目的是要讲好故事，小到讲好个人故事、产品故事，大到讲好中国故事。因此，融媒体传播需要在多个层面展开，绝不仅仅是简单把同一个内容形态放到各个媒介平台上，还必须提升融媒体叙事能力以取得良好的传播效果。这需要传播者对媒介的定位特征，到内容的创作流程，再到对受众的传播方式，每一个环节都有本质上的变化。第四，群体认知沟通能力。针对可能成为下一波互联网人口红利的老年群体来说，需要通过分析老年人的认知特性和需求层次，创建老年人专用的使用模式。此外，青少年群体作为重要的目标用户市场，数字出版工作要重视该群体的认知影响与使用习惯，既避免出现"小学生集体玩坏钉钉"的事件，同时又必须遵循相关法律法规，自觉履行社会责任。

不断涌现的数字出版相关专业能力要求的背后，是受众阅读习惯、兴趣热点的不断变化导致的数字出版产品形态、产品内容、营销方式不断发生转变。这些转变是数字化进程的加速，而数字化的进程，参照发展历史及规律来看，又从来都是不可逆转的。各高校需要在人才培养方案的基础上，打破传统的课程教学方法，采取更灵活的教学模式，使学生在专业能力的培养上更符合数字出版快速变化的发展要求。

三、敏捷式教学模式理念与特征

敏捷理念（Agile Concept）在 20 世纪 90 年代中期作为软件开发项目管理思路而出现，聚焦于人、沟通、产品、灵活性。开发团队通过并行、迭代，不断更新可交付产品，并随着开发与运行，项目团队不断更新产品细节，创造出更符合客户实际需求的更加完美的产品。敏捷式项目管理侧重于实施，而非侧重于计划和控制，强调把握重点迅速见效，并不断进行迭代调整，避免了从规划到实施过程中的更新及时性不足的问题，两种项目管理理念存在根本性区别（如图）。

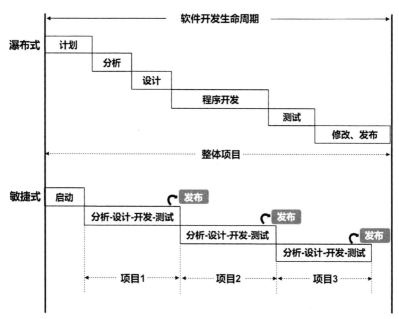

敏捷式管理理念与传统瀑布式项目管理理念对比图

从 2001 年以来,敏捷理念从软件开发管理快速扩展至其他各领域,在教育领域;敏捷式教学(Agile Education)的新模式也被提出并开始逐步应用。敏捷式教学是以学生发展为中心,以实现学生知识学习和能力提升为目标,具有高度灵活性和动态适应性的一种教学新形态。

在教学管理与实施中,敏捷式教学在计划、组织、执行、协调与控制等方面,都与传统教学模式存在显著差异(表 1)。

表 1 敏捷式教学模式与传统教学模式对比

	工作内容	传统教学模式	敏捷式教学模式
1	计划	预先周密安排课程体系与教学方法	按市场需求不断更新教学内容与教学方法
2	组织	一门课程由一位教师负责	项目型、矩阵型的教学团队
3	执行	先理论后操作教学	以学生为本,工作场景式教学
4	协调	依照学校师资与实训基地资源调配	动态管理、校企协同
5	控制	复杂漫长的变更控制流程	按市场变化及时适应变更

传统教学模式本质上也是一种瀑布式的项目管理与实施,教研部门先制定教学计划,教师按课程分配按部就班地完成教学任务,教学进程需要前一阶段完成后才进入下一阶段。在教学方法上,传统的教学形式都是先从理论知识基础开始学习,这种教学往往从一开始就极大地打击了学生对学习的兴趣,在理论学习完后的剩余有限课时后,学生对知识的灵活应用、对技能的精益求精与市场接受的探索无法得知。这个过程是按照一个固定的教学流程,制订尽可能细的计划,并据此开展教学工作,但效果往往不尽如人意。

敏捷式教学侧重于对专业技能的快速掌握,而非通过长期教学计划进行教学管理。专业技能培养需求提出后,通过组建敏捷教学团队共同完成任务,专业技能的教学负责人负责完善和明确教学目标,与团队成员一起推动教学项目的实施开展。在教学培养过程中,敏捷教学团队通过并行工作,不断更新教学内容与教学方法,从而不断更新教学计划与培养方案。同时,随着教学的不断深入与市场化实践,团队对专业技能的认识不断加深,教学方法不断优化,并制订出更符合市场实际需求的教学方案。

不难看出,与传统教学模式相比,敏捷式教学的特点主要有:首先,快速、灵活组织教学资源,促进教学内容与环节的快速交替迭代和精准协同优化;其次,以学生发展为中心,将理论、技术和实践教学交叉并行和快速重构,实现学生知识学习和能力提升的多轮迭代;此外,通过教育资源的高效协同,包括不同高校教学资源协同、产学合作教学协同、网络教学资源协同等,促进学生知识快速更新,实现交叉协同教学。因而,敏捷式教学模式对专业能力具有快速升级更新需求的数字出版人才培养工作具有实际操作意义。

四、数字出版人才培养的敏捷式教学实施路径

1. 跨界联合,组建项目式教学团队

数字出版不仅仅是内容产业,而且与现代商业、服务业、信息产业融合越来越紧密,要在做好内容的同时,也要尝试以各种形态与新媒体融合,适应新媒介的传播特性,从而更好地符合商业需求与受众心理,顺应时代潮流。

因此，数字出版敏捷教学团队需要依据专业能力培养需要，跨界寻找优质师资完成教学项目。如组建视频编辑制作教学团队时，可以请视频制作教师负责传授制作方法与技巧、视频平台教师负责传授市场趋势与平台分发规则、视频经纪人负责传授市场营销方法、艺术教师则负责传授模特相关知识等。这样教学团队可以消除单个教师由于在专业不同的功能知识点之间转换而产生的相对知识水平不足问题，并且使学生在关键的知识点掌握得更加清晰。敏捷教学团队定期集中办公，课程负责人与团队成员相互间直接沟通、鼓励协作，及时解决教学内容边界的模糊和不确定性。同时，课程负责人可以实时响应教学团队的问题，消除理解偏差，保障教学工作顺利进行，确保教学团队能够实现教学成效最大化。

在师资力量有限的状况下，数字出版敏捷教学团队可以实行动态管理，充分开发高层次人才资源并使其发挥作用。理顺高层次人才团队管理机制问题，有效激发高层次人才的工作动力，应以目标为导向，以教学成果为标准，建立高层次人才动态管理与考核系统。教学项目参与教师应在对教学目标达成统一认识的前提下，共同打造一个适应专业能力培养的教学管理平台，使高校教师与相关企业外聘教师参与到不同阶段的教学工作，既有利于学生的专业能力培养同时，也使参与敏捷教学团队的教师们处于更加良好的交流环境，取长补短，教学能力与专业能力也由此得以提高，并按照取得的成果获得对应的激励。敏捷教学团队作为一个整体，组建的各团队成员不仅需要专业能力过硬，同时具有合作沟通能力及一定的自我组织和管理能力，能共同面对教学任务并对效果负责。

2. 协同创新，优化教学规划

敏捷式教学是一种合作化教学方式，有效的合作意味着高效率、高质量地共同工作，合作型组织需要消除组织内部的不恰当障碍，通过有效地挖掘组织成员的能力，提高员工和部门间的协同绩效。基于资源共享理念发展而来的敏捷式教学协同创新，是将各个创新主体要素进行系统优化、合作创新的过程，帮助教学组织进行多元化的资源交流，为自身的发展和创新提供必要的资源保障。这种模式优化了各种资源的利用，通过协同使创新变得更加容易，而不再仅仅依靠各自单独的能力发挥。

比如以虚拟现实（Virtual Reality，缩写为 VR）课程教学项目为例，普通高校在教学方案设计分析、教学过程与学生实验过程中，都未考虑这一技术的场景化使用的特殊性及验证，导致这一课程内容只有简单的技术应用而未涉及实用性。暨南大学在 VR 教学项目启动前，教学团队由来自学校教师、VR 企业技术主管、博物馆信息化负责人共同组建，各方在课程负责人与团队教师充分交流沟通基础上，共同确定了教学需求的优先级，并对需求的优先级内容进行排序，从而制定了以创建 VR 在博物馆场景中的应用作为贯穿课程教学全过程的策略。同时，校方投入了各类 VR 设备与实验室，博物馆开放部分场景作为应用试点，VR 企业投入具体实施操作团队，使该课程在全国同类课程教学效果中取得了良好的示范效应。

数字出版教学过程需要确保始终关注教学目标高优先级的需求，解读和细化课程特性与教学方法，在教学过程中通过学习反馈情况不断更新教学内容，保证现有产品新开发的特性目标满足高优先级的需求。敏捷式教学通过对人、财、物以及无形资产等方面的优化配置,以团队共同确定的教学目标进行精细的教学规划安排,把资源投入产出的综合评价、资源的配置及可能出现的问题统一考虑,使资源配置目标一致,使资源配置风险的预测与控制一致,从而达到团队的优势资源合理的流动并实现配置的优化。因此,通过协同创新,敏捷式教学方法能够提供更大的灵活性,同时也能获得更优的教学效果。

3. 案例教学,强化专业知识应用

为了进一步突出"以学生为本"的人才培养模式,强调产教深度融合,在人才需求侧(企业方)与供给侧(学校方)实现联合培养,推动专业建设、学生就业、产学研合作及社会服务全方位发展。通过校企合作,采用案例教学,企业将行业经验、工作岗位、生产工艺、经营管理等资源注入教学过程,形成数字出版人才专业能力的职业化、实用化培养。

以数字课件和超媒体图书制作教学为例,上海出版印刷高等专科学校通过与睿泰数字出版集团联合创建数字产业学院,依据睿泰集团已有的上千个数字出版案例进行教学,其中不仅有较简单的线下图书数字化制作,也有世界一流企业的大型数字出版项目,从而实现能力的逐级深入培养,同时,学生顶岗实习全部为真实工作项目,学生在企业工作环境中实现实习实训与订单式培养。案例教学使该校数字出版专业在订单班开设、学生实习实训、促进学生就业、师资培训、特色课程体系打造、科研建设、行业活动组织、竞赛培养、双创建设及项目孵化等方面起到了全面提升作用。

案例教学的课程规划、师资安排、培养计划等方面均需在学校与企业达成一致共识的基础上制定,共建师资队伍与实训基地,共享教育资源及教学成果。在案例教学过程中,校企双方尤其要依据本身的优势确定各自的工作重点,一般来说,学校方的教学重点为基础理论知识、思维逻辑能力的教学,企业方的重点为学生应用实践能力、职业技能能力、就业机会与行业知识等内容。

4. 建设教学资源库,促进自主学习与终身学习

数字出版专业知识的不断快速升级更新对人才自身的学习能力提出了更高的要求,学习能力是由引发个体内部心理活动和实现外部实践活动的各要素统一构成,并通过人们的学习活动得以形成和发展。自主学习与终身学习多发生在工作、家庭等日常生活情境中,以非正式学习形式开展,与学校正式学习情境存在一定差异。这种非正式学习不再通过正规传授方式获得,而是通过自主获取方式,从经验与资源中主动学习知识。因而,建设高水平的教学资源库,有利于人才提升自主学习与终身学习能力。

秉持"构建新的教学模式,提高教学质量,提升教学效率"的教学资源库建设基本理念,开设数字出版专业的各高校应在已经取得的国家级、省市级重点专业课程基础上,以开发专业精品课程为核心,联合数字出版行业大型企业与特色企业建立包含教学标准、教学内容、实验实训、教学指导、学习评价、社会服务等教学资源的共享平台。建设过程中,逐步建成基础教学资源库、多媒体资源库、仿真实训资源库、行业资源管理库、自主学习检测资源库、创新实践资源库和社会服务资源库等子项目,并不断更新完善。此外,各数字出版教学资源库还可以探索互联互通,突出优势项目建设,一方面激发学生自主学习的动力,提高自我管理、自主学习的意识;另一方面有助于教师减轻繁重的教学任务,及时学习行业新知识、新技术,进而创新教育思路和方法提升学生学习效果,从以"教"为中心的教学模式转换到以"学"为中心的全新的教学模式。

数字出版工作需要专业人才对专业能力进行长期学习与锻炼，而自主学习与终身学习文化的形成、机会与条件的创造，是数字出版人才培养的重要策略。教学资源库的建设，将学习实践内容长期化、深入化，在校企各方的努力下开发出满足学生职业能力提升和企业发展需求的教学内容与学习方法，根据时代特征不断完善知识结构，打造符合中国特色社会主义发展的优秀数字出版专业人才。

五、结论

综上所述，敏捷式教学模式能够有效提升教学方法的灵活性与教学效果的导向性，快速高效培养专业能力，是数字出版人才培养教学改革的可行方向之一。《2018—2019 中国数字出版产业年度报告》数据显示，2018 年国内数字出版产业收入规模已达 8 330.78 亿元，且正处于快速增长期，产业发展趋势越发清晰。新的信息技术、数字技术的应用还将为数字出版产业注入新的活力，将促进产业结构进一步调整升级，并打破不同领域之间的融合壁垒，媒介融合、业态复合将成为必然趋势，所带来的挑战与机遇要求各高校对数字出版人才培养不断做出相应调整，使数字出版人才更加契合产业发展需求。

（朱军、张文忠，发表于《新闻世界》2020 年第 5 期）

高职院校数字出版专业
人才培养模式探究

一、引言

根据《教育部办公厅关于做好〈高等职业学校专业教学标准〉修(制)订工作的通知》(教职成厅函〔2016〕46号)的要求和安排,新闻出版行业职业教育教学指导委员会(以下简称行指委)于2018年10月正式启动《高等职业学校数字出版专业教学标准》(以下简称《标准》)制订工作,专家组根据工作方案和调研要求,经过近一年时间组织开展相关调研、修订、起草和内部审定工作,形成了调研报告、《标准》草稿及《标准》制订说明。2019年9月,专家组向行指委申请《标准》审定验收,《标准》将成为我国数字出版专业教育正式开设以来首次制定的统一规范。

二、高职院校数字出版专业开设与人才培养模式研究现状

为适应新技术环境下出版产业数字化、信息化、网络化等发展的新要求,2008年北京印刷学院开设传播学数字出版方向专业,

可看作国内高校数字出版专业的前身。2011年起,其他高校逐步开始尝试设立数字出版专业,至目前我国已有近30所本、专科院校开设了数字出版专业,为我国数字出版产业输送了一批专业人才。其中,开设数字出版专业的高职院校主要包括上海出版印刷高等专科学校、安徽新闻出版职业技术学院、广东轻工职业技术学院、湖南大众传媒职业技术学院、江西传媒职业学院等近10所院校,2018年度招生总人数近500人。

在专业人才的培养方向上,虽然各学校在培养德智体美全面发展,具有科学素养、人文素养和艺术素养等个人综合素养方面比较一致,但在知识和技能的培养上具有一定的差异。本科院校强调培养具有数字编辑出版、文化产业经营管理和创意策划类的复合型人才,而高职院校强调培养具有网页设计制作、数字内容策划制作和数字拍摄与多媒体制作的技术应用型人才。此外,各高职院校在教学培养内容上也会略有差异,一些学校偏向于数字出版物内容的编辑制作,另一些学校偏向于互联网技术、多媒体技术实务。

目前对于高职院校教育人才培养模式问题的研究主要聚集于以下三个方面:第一是"校企合作,联合培养"模式。徐丹(2018)认为校企合作模式是一种目标导向型的人才培养模式,近年来高职院校不断探索校企合作新的出路与模式,但大部分高职院校仍然停留在以院校主导的企业被动的合作模式,在这种合作模式下对人才培养的质量不高,企业难以真正表达其利益诉求,因此这种合作模式是一种片面的、浅层的合作形式。黄东璋等(2017)指出只有企业得到有利于其发展的合理愿望和利益,高职院校也认识到校企合作有利于人才培养目标的实现,学生充分感受到参与校企合作能够理论联系实际地提高自己的知识和技能,校企合作才能真正获得有效保障;必须做好全方位对接,如理论与实践对接、教室与车间对接、教师与企业技师的对接、学生与员工对接、培养标准与企业用人标准对接等。第二是"按需培养,订单式培养"人才培养模式。李昕(2017)经调研发现校企合作采用订单式人才管理与培养模式较为单一,在正常的校内学习基础上,顶岗实习为订单式培养的主要环节,而在该环节之中,一些企业单位单一地关注学生如何增强操作技能,对学生综合、全面素质的锻炼却没有充分重视,甚至一些企业将在校生作为廉价或无偿的劳动力,导致他们在企业之中无法获取良好的提升。王华(2013)提出目前能够成功推行订单式培养的高职院校,他们或是基于很强的行业背景的长期专业办学积淀,或是基于体制下向国有垄断企业输送专业人才的垄断途径,或是基于地处发达地区的区位优势,而其他高职院校目前想推进订单式培养还是存在很大困难的。第三是"双师型"及"现代师徒制"模式。王雪岩(2018)指出企业和企业的师傅本身并不愿意倾囊教授徒弟,即使是接受了顶岗实习的学生,由于学生实习时间较短,企业核心业务不易泄露等原因,为学生所提供的岗位大多是简单的没有技术含量的,甚至专业不对口的跑腿等零散工作。学生能接触企业完整工作程序的寥寥无几。学生并非企业正式员工,因此企业师傅也无法对徒弟进行有效束缚和管理。张昕(2019)指出由于高职院校的学制一般为3年,许多技艺传承需要日积月累,短时间很难奏效,在有限的学习时间里又开设众多必修课程,庞大繁杂的课程设置必然导致在有限的时间里教师授课一带而过,学生学习浅尝辄止,无法深入研究学习。

  数字出版是一门近10年才发展起来的新兴专业学科,不仅在上述高职院校普遍存在的人才培养模式上尚未形成适应当前和未来专业发展的成熟学科理论体系框架，而且由于专业具有多学科交叉特性，在课程体系建设、教学内容和实践创新教育等具体细节上更是缺乏统一标准，不断显现的各种问题显得零散而杂乱。

作为专家组主要成员，笔者基于本次调研情况，结合数字出版专业相关的企业需求与高职院校教学现状，通过综合的视角，对当下高职院校数字出版专业人才培养存在的重点与难点进行归纳与分析。

三、高职院校数字出版专业人才培养亟须解决的重点问题

1. 体现人人成才的正确人才观，明确能力与素质并重的数字出版人才培养目标

习近平总书记就加快职业教育发展提出"树立正确人才观，培育和践行社会主义核心价值观，着力提高人才培养质量，弘扬劳动光荣、技能宝贵、创造伟大的时代风尚，营造人人皆可成才、人人尽展其才的良好环境，努力培养数以亿计的高素质劳动者和技术技能人才"的重要指示。为此，高职院校必须明确以培养高素质技术技能型数字出版人才为根本任务，将职业技能和职业精神高度融合，不仅围绕数字出版技术进步、生产方式变革、岗位工作要求培养怀有技术技能专长的劳动者，而且要让学生坚定拥护中国共产党领导，在习近平新时代中国特色社会主义思想指引下，培养树立社会责任感、工匠精神、创新思维、团队合作、终身学习等职业精神。

同时，对新时期毕业生的素质、知识、能力方面需要细化要求，在课程设置、教学方法与培养形式上遵循职业教育和人才成长规律，引导学生积极参与数字出版业务相关实践实训，不断提高业务技能和岗位技能，以适应新时代数字出版要求的创新、专业素质要求，强调职业技能与职业素养并重，促进学生全面发展。

2. 树立"四维度检验"评价为主要标志的教育质量观，突出高职院校专业教学特点

目前高职教育评估的一级指标包括领导作用、师资队伍、课程建设、实践教学、特色专业建设、教学管理、社会评价等七项内容，然而其中前六项评估内容是高职院校完成人才培养的基本条件和保障，并非教育质量本体，因而在教育质量评估时往往会发生偏颇，有失公允。因此，近年来高职教育质量评估一直被呼吁需要按照所涉及主体如院校、学生、家长、用人单位、政府教育管理部门、政府人力资源管理部门等，从不同视角对高职教育质量建立评价体系与指标，才能更客观、全面地反映出高职院校的综合教育质量。

对高等职业学校数字出版专业而言，以多元主体在"对经济社会发展的适应度""对出版行业企业发展的贡献度""对学生专业化成长需求的满足度"以及"岗位要求的对应度"四个维度上进行评价，检验教育质量，从而更好地调整教学规划，突出高职教育针对性、灵活性、开放性、多样性的特点。

3. 基于"五个对接"构建以职业能力培养为主线的课程体系，强化专业基础课程的有效设置和技术课程的及时更新

国务院在《关于加快发展现代职业教育的决定》中要求推动"专业设置与产业需求对接，课程内容与职业标准对接，教学过程

与生产过程对接,毕业证书与职业资格证书对接,职业教育与终身学习对接"。根据对企业和高校调研情况综合可知,高职院校数字出版教学在基于"五个对接"构建课程体系时,需要注意加强以语言文字规范、编辑实务等出版基础学科结合信息处理、多媒体制作等技术基础学科的"知识"为根本,以信息采集、数字加工、出版发布、策划推广等应用"能力"为核心,加入融媒体出版、移动应用设计、大数据分析、虚拟展示仿真等行业最新发展需求的相关技术课程,并及时更新数字摄影与图片处理、音视频编辑制作、网页制作等专业技术课程。

此外,高职院校数字出版专业倡议学生取得网页设计制作员、网络编辑员、出版专业技术人员等职业资格证书,并安排对应课程。同时,在教学培养的目标与策略上,要为实现学生具较强的就业能力、一定的创业能力和终身学习的能力而进行设定。

4. 完善"三位一体"教学模式,提升产教融合深度,注重培养学生在职场环境下运用知识分析问题和解决问题的能力

高职院校教育强调实践性教学环节,且定位于培养技术技能型人才,因此数字出版专业的"教、学、做"的"三位一体"式教学强调教与学的活动在真实的工作情境中开展,促进知识与技能相结合、理论与实践相统一。当下高职院校教学统一规定要求,实践教学时数不少于总学时的50%,然而调研发现,企业对我国高职院校数字出版人才培养尚存在诸多质疑,其中以"数字出版专业实践类课程不足"问题最为严重,占92.3%;其次是"数字出版专业知识结构不合理"的问题,占76.9%;第三是"数字出版专业技术类课程不足"的问题,占69.2%;"数字出版人才培养模式开放性不够,与企业、行业联系不紧密"居第四,占61.5%。

调研数据反映了当下由于产教融合度不够,导致的学生实践实训往往流于形式,常态化校企合作、协同育人工作开展尚未到位。因此,确保教学内容与岗位工作任务一致,避免教学内容和课时设置的随意性,才能实行产教联动、实现"学校理论教学+企业实践教学"双主体教学模式,从而促进数字出版相关的高职院校和产业界形成人才培养计划上的共识、组织上的协同,构建教育与产业、学校与企业、专业与职业、教学过程与生产过程的有机对接机制,注重培养学生在职场环境下运用相关知识分析问题和解决问题的能力。

5. 增强师资队伍,规范教学设施、教学资源等教学基本条件,落实教育质量保障

高职院校的师资力量向来不乐观,截至 2018 年,我国高职院校专任教师仅有不到 50 万人,而在校学生已经超过 1 000 万人,从数量上和结构配比上都是不合理的。必须一提的是,高职院校教师来源相对复杂,将近一半的教师没有经过培训直接上岗,且学历偏低;通过调查可知,目前不到 20% 的高职院校具有硕士以上学历,这与国家规定的 30% 还相差甚远,"双师型"的教师就更屈指可数。对于新兴的数字出版专业而言,师资力量更是远远不够,对专业人才培养形成了阻力。

根据教育部对高等职业学校教学标准的统一要求,师资队伍结构规定学生数与本专业专任教师数比例不高于 25∶1,双师素质教师占专业教师比一般不低于 60%,并对专任教师、专业带头人、兼职教师的资历与能力做了明确的规定和表述,因此,加强高职院校数字出版专业师资队伍建设成为当前提升人才培养质量亟待解决的问题。

同时，当下各高职院校数字出版专业基本都建设了2—3个专业实训室，如在线出版实验室、数字出版物制作实验室、全媒体编辑实验室等，也与校外企业联合建设了专业相关实训基地，但不少学校的实训室、实训基地设施窘迫，实训条件还未能满足实训教学的需要，所能发挥的价值也是十分有限。

四、高职院校数字出版专业人才培养的难点

1. 在人才培养定位上，学生知识结构未及时跟上行业发展需求

随着互联网、云计算、大数据、多媒体等新兴技术的迅速发展，现代数字出版技术也同步发生着日新月异的变化，不仅使得传统出版行业的信息采编、排版、印刷、发行、营销等流程都发生了根本性的改变，并且产生了各类新的形态模式、传播方式与应用领域。学生的知识结构需要在数字排版、图片处理、音视频编辑等数字出版专业基础课程的学习基础上，及时对相关新技术、新方法更新专业知识结构与能力，以适应行业发展的需求。

2. 在人才培养模式上，产教融合深度不足

首先，当下高等职业学校在组织数字出版教学活动的过程中，依然沿用传统的学科专业课程的教学组织形式，教学内容的实践性不足；其次，人才培养模式单一化，学业考试为主，实习实践为辅的学习总流程固定，学生无法全面获取职业化技能需求；最后，高等职业专科学校实施产教融合的形式多限于与少数企业的基地共建、顶岗实习以及订单式培养等，整个产教融合机制缺乏长效学习规划。

3. 在人才培养质量标准上，受师资结构和教学技能两级化制约

高等职业学校的数字出版专业在师资结构和建设方面存在着不足，师资队伍两极化较严重。一方面资历较高的教师知识结构老化，对数字出版要求的现代化多媒体技术和互联网技术的运用、对最新技术动态和成果的掌握不全面，另一方面年轻教师虽然知识结构比较新颖，但实践经验不足，对行业实际需求理解不深。此外，从企业外聘的专业型教师，实践经验丰富，但理论基础薄弱，因此，"双师双能型"师资人才严重匮乏。

4. 在人才培养的内容与方法上，专业课程设置结构不合理

数字出版专业具有多学科交叉的特点，包含了汉语言文学、传播学、出版学、计算机科学、管理学和艺术学等多学科知识。现阶段高等职业学校数字出版专业的课程设置普遍呈现涉及学科面广，但未能以数字出版为中心进行有机融合，知识的整体性不足。数字出版不仅仅是对传统出版业务进行数字化处理，而是带来了出版传播的整体生态变革。调研发现，各院校基本教学体系大致类似，其中专业必修课是教学体系的重点，学科基础课比例最低，专业实践课对比理论课程则仅占20％左右，课程比例设置还需调整；具体到专业课程的设置，学校之间根据培养方向和目标要求的不同有较大差异。

五、结语

数字出版专业发展至今，与其他学科相比，仍是一个较为年轻的专业，其教学设计、培养体系中仍有许多尚待完善之处。同时，

数字出版产业所依托的技术环境在不断变动、不断向数字出版专业人才培养提出新的要求。因此，有必要及时地对数字出版现行培养体系做出审视和调整。相比其他成熟学科，高职院校数字出版专业开设时间短、开设学校数量不多，导致当下数字出版专业在人才培养方面还有极大的提升改善空间。

据《新闻出版广播影视"十三五"发展规划》，"十二五"期间，我国数字出版营业收入超过 4 400 亿元，较 2010 年增长 318.7%。中国新闻出版研究院发布的《2018—2019 中国数字出版产业年度报告》则指出，2018 年国内数字出版产业整体收入规模为 8330.78 亿元，比上一年增长 17.8%。纵观近几年数字出版产业的发展趋势，无疑这一产业仍处于上升期，且远远没有达到其发展上限。随着 VR/AR、5G、人工智能、大数据等技术的普及应用，还将为数字出版产业注入新的活力，将促进产业结构进一步调整升级，并打破不同领域之间的融合壁垒，媒介融合、业态复合将成为必然趋势，新的媒介技术所带来的挑战与机遇，要求高职院校数字出版专业对人才培养不断做出相应调整，使人才培养更加契合产业发展的需要。

(朱军、张文忠,发表于《编辑学刊》2020 年第 1 期)

高职院校人才培养中的校企合作协同层次模型设计

一、引言

  高职院校校企合作培养人才是通过学校和企业两个社会属性不同的组织相互配合、联合教学,达到提升专业人才培养质量的一种有效模式。其意义在于,学生可以通过目标性的岗位实践,对岗位的要求和未来的发展有客观的认识与了解,进而努力提高自己的专业能力和职业素养,避免了学习时散漫、无目标的状态和对工作兴趣低的问题;高职院校可以与社会需求无缝对接,有针对性地为企业培养实用型高素质人才,解决师资力量不足、学生知识结构和能力结构与社会需求脱节的问题;企业可以参与到高职院校人才培养体系中,使得毕业生在就业时直接符合其岗位对应能力要求,从而能高效招纳企业所需人才,避免或缩短招聘后的二次培训,降低企业的人力资源成本。同时,校企紧密结合还能增强双方的研发与创新能力,实现有效的资源共享,共同提升在行业中的知名度和美誉度,提高高职院校的人才培养能力,增强企业的社会竞争力,推动区域经济稳定、快速发展。

  党的"十九大"报告中明确提出:"要完善职业教育和培训体

系,深化产教融合、校企合作";然而从现状来看,当下校企合作模式在实践过程中运行不够顺畅,实际效能发挥有限,制约了校企合作的深层次开展,亦使深化发展校企合作人才培养模式成为了职业教育新的时代课题。2019年9月,《高等职业学校专业教学标准(第二批次)》(以下简称《标准》)草稿及制订说明已由制订专家组向行指委申请审定验收。作为专家组主要成员,笔者基于《标准》制订过程中对校企合作人才培养情况的关注与调研,探究校企合作人才培养效能的提升策略与方法,以期为我国高职教育的可持续发展提供参考思路。

二、现状与问题

综合目前高职院校校企合作人才培养状况,其主要形式与内容包括如下:(1)订单式培养。企业根据自身人才需求和人力资源配置计划,以"订单"形式与学校签订培养协议,由校企双方共同制订对应的培养方案与教学内容,参加订单培养的学生毕业后将直接输送到企业工作,确保成功就业。(2)现代学徒制。强调教学任务由学校的专业教师和企业的技术骨干共同担当,由于在教学目标上更偏重于技能的传承,因此突出了企业在教学工作的重要地位,且教学工作量也显著提升,学生将会配备企业导师进行学习。(3)工学结合。合作企业成为学校指定实习基地,学校通过把学生安排至企业进行实习,使学生可以直接把课堂上学到的理论知识应用到工作实践中,以提高自身的综合实践能力和理论的"变现"能力。(4)顶岗实习。学生在校期间完成教学规定的课程后,将到专业对口的企业顶岗实习,通过在真实的企业生产环境中参与工作,既锻炼学生的学习应用综合能力,也可以帮助企业解决用人的需求。(5)产学研合作。通过整合学校专业师资及企业优势资源,从科研、教学到实习实训,整体推动产业、学校、企业紧密结合共同发展。(6)共建实训基地。通过实训使学生提升实践能力、巩固理论知识、体验工作角色、培养职业素养,同时企业也可以从实训学生中发现人才和优先选拔人才,达到"合作双赢"的效果。

然而,随着校企合作的广度与深度的不断拓展,联合培养中的问题也逐步显现出来。王福建等(2019)指出,企业还没有真正参与到人才培养方案制订、课程设置、教学内容选择、师资调配、教学方法改革、教学评价等职业教育的全过程中,校企合作中仍旧是学校在唱"独角戏"。同时,学校优秀教师的学术功底和理论修养,也因为没有企业良好的实践研发平台,还不能实现科研创新的转化,进而助力企业升级改造。许磊(2019)认为提高人才培养质量,关键不在何时将学生送入企业实习,也不在学生实习的时间长短;如果是放羊式的顶岗实习,无论何时送入企业、送入企业的时间有多长,都不能提高人才培养质量,甚至会给学生管理带来困难。如果企业看到的只是实习生作为廉价劳动力,学校看到的只是减少教学成本,校企合作的深度开展便无从谈起。王雪岩(2018)经调研发现,企业和企业的师傅本身并不愿意倾囊教授徒弟,即使是接受了顶岗实习的学生,由于学生实习时间较短、企业核心业务不易泄露等原因,为学生所提供的岗位大多是简单的没有技术含量,甚至专业不对口的跑腿等零散工作。学生一般无法接触到企业完整的工作内容,同时由于学生并非企业正式员工,因此企业师傅也无法对徒弟进行有效束缚和管理。张昕(2019)提出,许多技艺传承需要日积月累,短时间很难奏效,在高职院校通常的三年制培养期内,在有限的学习时间里开设众多必修课程往往导致教师授课一带而过,学生学习浅尝辄止,无法深入研究学习。

校企合作采取的是职能型组织管理模式,随着组织管理进入现代管理阶段,为了不断获得更高的管理效能,"分工"成为主要的组织管理方法。"分工"使组织内部产生了不同职能单元,职能单元之间通过"协作"实现价值创造。然而由于高职院校与企业在主体性质上完全不同,因此在双方合作过程中必然存在多维度的博弈;随着合作广度与深度的拓展,组织管理呈现"分工"越来越细、"协作"难度越来越大的趋势,体现为合作效能不高,各类校企合作问题不断出现。

在信息技术时代,层出不穷的变革带来了新机遇和新挑战,也导致了不确定性的增加,一切都在打破与重构。对这些重构的理解需要一个更加广泛的视野、更加互动的关联以及更加开放的格局,类似于一个"生态系统"的逻辑,复杂、多元、自组织以及演进与共生。所以当代的管理效能不仅仅来自分工,更来自协同。因此,以协同角度对校企合作人才培养效能提升进行研究具有了重要的价值与意义。

三、校企合作人才培养协同层次模型构建与协同内容

1. 理论基础与模型构建

协同理论(Synergetics)也被称为"协同学",由德国著名物理学家哈肯(Hermann Haken)教授创立,研究系统内部各子系统或各要素之间通过相互作用而产生的整体效应,是系统科学的重要分支理论。协同理论认为不论是自然系统或社会系统均存在协同

作用,促使系统从混沌状态中形成稳定结构,从无序运行变为有序运行。因此,协同作用对多主体合作而形成的组织结构,以及产生的相互影响具有科学指导意义。

协同的基础建立在以分层次识别事物的方法对管理对象、管理方法进行分层,从而有效地探索协同作用的发展变化及其内在规律,更好地掌握管理协同作用变化的秩序和规则,进一步认知协同作用下系统的发展变化,提升管理能力与水平。因此,协同层次的划分能根据各层次的预定目标,通过内外部资源的整合,设计对应的计划、组织、指挥、协调和控制等管理职能,从而实现各层次管理优化,激发系统最大效益,提升产出效能。

协同层次的划分可以从技术、组织、经营、管理等不同角度的影响因素作为标准,各层次的协同方式特点不同,协同效果也不同。低层次协同难度低、建立和管理成本低,但集成程度低、协同的效率低、收效低;高层次协同实现的难度高、投资运行和维护的成本高,但集成程度高、协同的效率高、协同的效果明显。清晰划分协同层次,准确设计协同内容,才能达到良好的协同效果。

校企合作联合培养的实质是针对学生教育的高校与企业联合管理,本研究参照管理协同四层次划分法,以业务协同(Business Collaboration)、个人协同(Personal Collaboration)、团组协同(Team Collaboration)及管理协同(Management Collaboration)作为协同层次,进而构建出校企合作联合培养协同层次模型(如图)。

2. 协同各层次的工作设计

(1) 业务协同

模型中处于底层的是业务协同。业务协同是基于各高职院校

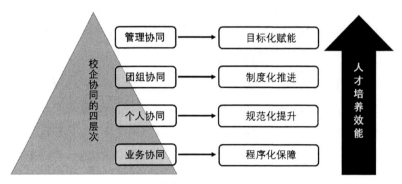

校企协同四层次图

的专业教学标准,依据专业培养要求,做到校内培养管理与企业教学培养业务系统的关联,内外得以结合。此协同层次的重点在于将各合作企业与学校的培养工作纳入一个统一的业务管理平台,实现基于教学任务分工的关联,避免了因为学校与企业各自内部发生变化而对双方既定的教学计划造成干扰,防止校内外教学对接管控可能出现的断裂,从而确保校企联合培养的正常进行。特别是防止企业处于从属配合地位所出现的师资配置不稳定、教学内容错位等衔接状况。

校企联合培养业务管理平台的基本定位是打造学校与企业间一个互联互通、信息充分共享与利用的综合管理数据大平台,为统一调度协调各项培养业务提供全面的信息化支撑和服务。业务管理平台总体架构可归纳为"五层架构＋两个体系",五层架构自下而上分别是基础设施层、数据资源层、应用支撑层、业务应用层和展示层,两个体系则是指知识能力保障体系和教学标准规范体系。在平台建设过程中,基础设施层重点建设部署存储、网络与安全等软硬件基础设施环境,实现平台运行、迭代和维护等功能,并通过云技术增强平台高效稳定、安全运行的能力；在数据资源层方面，学校与企业共建教师资源数据库、教学资源数据库、学生数据库，通过数据采集、加工、管理、分析和交换，提供包括报表服务、智能检索、业务分类、效能评估和共享交换等数据管理与应用服务功能；应用支撑层提供包括用户管理、权限管理、任务管理、日志管理等基础服务和电子签章、身份认证、工作流、数据加密、内容管理组件、二维码管理等扩展服务，并提供各服务的信息展示和服务之间的数据调用；业务应用层则主要包括综合办公、人事管理、课程管理、项目管理等业务，使校企双方在课程设置、教学资产管理与使用、教学考核等方面形成统一安排，并可与双方各自的管理系统及财务系统实现对接与数据交换；最后，展示层是面向合作各方的用户，提供基于PC桌面及移动端的门户信息展示与服务。此外，校企双方还需共同制订并认可"知识能力要求体系"和"教学标准规范体系"，从而对联合培养的业务分配、业务数据、业务流程、业务管理、信息发布等方面确保平台能够按照双方认可的人才培养目标，规范化管理协调校企双方的各类教学培养业务。

（2）个人协同

业务协同层之上则是个人协同。实践证明，采用校企双导师教学是提升专业人才培养质量的有效且普遍采用的方法，其中如何通过双导师的合理配置实现人才培养的最佳效果是双导师制推行过程中的根本性问题。校内校外的教师需要明确各自的职责，包括学业规划、课程指导和人文关怀，并充分、及时沟通各类信息，从而使校内校外无缝对接，更好地指导学生将理论学习与实践学习相融合。个人协同针对校企双导师之间实现最佳搭配及对接优化进行管理,充分调动在人才培养过程中校内外教师的配合性、积极性和主动性,确保双导师间的教学培养对接,保障教学工作的有序开展。

  首先,工作重点不同,校企两类教师的考核侧重点也不相同。学校教师的考核重点为科研能力以及对学生基础理论知识、思维逻辑能力的教学能力,企业教师的考核重点为学生实践能力,具体包括参加技能大赛、指导学生参加技能大赛、职业技能鉴定、社会培训以及应用技术研究等内容。校企双方通过共同设立教师考核制度,对成员个人任务的完成情况进行评定,考核不合格者将减少经费支持,考核优秀者则增加经费支持。第二,双方共同开展教学理论及专业技能培训,定期选派双方教师参加学术交流与技术培训活动,学习先进的职教理论、专业技能、了解新技术,全面提升双方教师的专业技术与教学水平。尤其值得注意的是要鼓励企业教师参与理论培训,充分利用学校各类培训与教学机会,提升企业教师的理论能力与教学能力,并由校方给予企业教师对应的能力认定证明。第三,联合开展教研活动及应用技术研究活动。通过组织学校教师与企业教师共同参与校企联合开展的教研活动和专业技术应用项目,可在学校和企业分别设立各类型教室与实验实训室,积极开展教学、实验、科技创新活动,促进双方教师互相学习、共同提升。第四,当学生步入实习岗位时,学校教师要与企业教师进行及时沟通,一方面企业教师可以充分掌握学生在校期间的学习情况以及能力情况,从而针对其自身状况安排适合的岗位工作与学习内容,同时学校教师通过了解企业的实习安排,可为学生进行对应的强化学习,从而解决学生在校学习与企业学习中的衔接脱节问题。

(3) 团组协同

协同层次模型中的第三层是团组协同。校企合作是在两个不同性质的单位主体之间开展的合作,在工作方式、管理模式、组织文化等方面都有较大的差异性,达到高度和谐的合作程度具有一定的难度。因此,团组协同需要重点解决如下3个问题:第一,相互信赖与配合。团组成员的工作合作开展离不开和谐融洽的团队氛围,建立校企教师间信任、友善、互助的团队价值观,才能有效合作完成预定的工作目标。第二,信息沟通与知识共享。校内外教师应该共同参与分享信息和资源,从而协调整体的教学培养工作,团组成员需要通过畅通的交流机制及适宜的沟通方式,向其他成员沟通信息和交流经验。第三,总体集权与具体分权。校企合作要在人才培养总体目标上实行集权制管理,而在每个子目标上实行分权化管理,团组管理既要依靠制度与业务流程来实现团队的有效运作,又要充分分权,以发挥每个成员的主动性与创造性。

团队文化建设是团组协同的关键措施,依靠刚性的政策制度体系进行协同虽然具有一定成效,但是不能从根本上激发校企双方团队成员的主体积极性。建设校企合作的团队文化,必须要确立双方合作的主导价值导向——通过"合作、交往、对话",形成"协作、共享、共赢"的文化自觉。教学团队在团队协作中构建共同的愿景,最终形成协作、互助、共享共赢的专业成长共同体。校企合作团队应以共同的愿景,把校内外不同专业、不同技能、不同思想的优秀师资凝聚在一起,形成教学科研共同体;同时,遴选好团队负责人,注重培养领军人物与骨干成员,做好梯队建设,通过骨干成员的引领和辐射,促进教学团队全体成员的进步与发展。此外,在团队考核中要避免重学术轻实践的现象,突出实践工作在整个教学绩效考评体系中的地位，并以目标管理和过程管理相结合，实现考核评价的终极目的是激发团队成员对课堂教学及教学研讨的主动性、积极性。因此，团队文化的建设需要学校、企业、教育管理部门平衡处理团队文化生态关联的内外部因素，为教学团队建设培育集体精神价值、集体性格、集体行为方式，解决人才培养中的深度学习问题。

（4）管理协同

管理协同是协同的最高层次。管理协同主要面向校企合作的双方管理层人员，从合作的理念与目标规划、投入与风险控制、运营管理、绩效考核、收益分配等发展战略与制度层面进行协同，从而在更高层面上为校企合作的顺利开展与实施达成共识。由于管理协同建立在前三层协同基础之上，所以校方与企业方将在既定的目标下，建立专业建设和教学过程质量监控机制，健全专业教学质量监控管理制度，完善教学内容、教学评价、实习实训、人才培养方案更新等质量标准建设，通过教学实施、过程监控、质量评价和持续改进，实现专业人才培养目标，最终实现双方的合作目标。

面临行业市场与岗位需求迅速变化的特点，需要快速调整人才培养方案与教学方法，敏捷管理（agile management）成为可借鉴的有效管理模式，能较好地避免校企合作管理中因长远计划不断调整而产生的资源分配与人员磨合问题。"敏捷"强调工作项目在规划初期就切分成多个子项目并设定完成目标，在每个子项目初期完成时即投入使用，并逐步迭代和完善，最终由各子项目的完成而实现整体项目的完成。校企合作管理中，双方要对拟合作项目进行模块化与阶段化划分，保证双方联合投入的资源能够匹配当下子项目目标的实现，并发挥双方师资人员的能动性，创造支持与信任的管理机制，使整个组织都处于敏捷状态。因此，敏捷管理在工作开展速度、成本和及时调整能力上相较于传统管理模式来说具有明显的优越性，为进一步营造和优化校企合作管理协同环境，完成规划目标任务夯实管理基础，保障校企合作高质量发展。

3. 协同建设的推进路径

校企合作协同可以从以下方向推进：首先，目标化赋能。校企合作模式以组织合作为形式，其本质是共生共赢，而在共生共赢的理念下，双方制定一致的目标则能促进组织内部子系统的有机协同。高职院校与企业间通过设置共同目标，遵循互依互惠、协同合作的进化规则，从而依据既定目标与共生规律来推进效能提升，将合作落到实处，把人才培养工作推向深入。其次，以制度化推进。制度化将校企合作中的各类不可控因素转化为可控因素，将无序运行转化为有序运行，并形成常态化运行机制。因此，基于合作制度连接校企多元主体及各成员，才能理顺合作流程，提升合作效率。第三，以规范化提升。我国校企合作制度及整个人才培养制度的科学发展需要规范化才能持续推进，不论校方还是企业，都应该在制度的框架内运行，从教学安排、资源使用、工作记录、考核制度等各方面均需按规范化标准实施，从而实现协同提升工作质效、促进校企合作的长期发展。第四，以程序化保障。在校企合作人才培养过程中，以程序保障教学业务与项目建设的有效运行，防止合作过程出现断档或偏差，既体现出对人才培养工作的重视，也表明了一个成熟合作模式对学校与企业双方的权益与义务的保障，同时也是对专业建设发展理论与方法的自信。要以健全的程序安排各方对应的教学培养工作，以公开化实现程序化有效运行，让校企合作优势得到更大程度的发挥。

四、结论

习近平总书记就加快职业教育发展做出了树立正确人才观,培育和践行社会主义核心价值观,着力提高人才培养质量,弘扬劳动光荣、技能宝贵、创造伟大的时代风尚,营造人人皆可成才、人人尽展其才的良好环境,努力培养数以亿计的高素质劳动者和技术技能人才的重要指示。高职院校校企合作必须进一步提升人才培养效能,才能培育社会所需要的高素质技术技能人才,而校企合作制度作为高职院校不可或缺的人才培养模式,在教学活动中发挥着越来越重要的作用。

《高等职业学校专业教学标准》的分批制定及落地实施,将进一步明确校企合作原则、方式和具体形式,鼓励高职院校与企业双向流动。本研究通过对校企合作协同层次模型设计,有利于建立更为稳定的合作基础,加强协同建设,更好地提升产教融合、校企合作的质量。

(朱军、张文忠,发表于《职业技术教育》2020年第19期)

高职产业学院协同创新机制内涵与建设路径探析

一、引言

加快校企合作、深化产教融合是高职院校发展的必经之路,也是高职院校人才培养改革的关键问题之一,而产业学院模式为产教融合的顺利实施提供了良好路径。相较其他职业教育产教融合模式而言,产业学院优势是由高职院校和行业企业联合成立的独立性教育机构,能够更加充分彰显校企深化合作的意志,从而提升高技术技能人才培养与科研应用的针对性和适切性,激发企业深度参与职业教育办学的内生动力。

2017年国务院办公厅发布了《关于深化产教融合的若干意见》,鼓励企业依托或联合职业学校、高等学校设立产业学院,促进人才培养供给侧与产业需求侧结构因素全方位融合。在当前高等教育人才培养改革进入不断深化的阶段,高职院校如何积极与行业领先企业合作共建产业学院,积极推进协同创新,实现互惠共赢、可持续发展已成为当下高职教育发展的重点与难点。笔者这里拟基于对目前高职产业学院现有问题的剖析,以协同创新视角提出了产业学院组织效能提升的关键要素,并在此基础上探索产业学院实现协同创新的建设路径,为进一步推动高职教育产教融合、提升产业学院运行效能提供新的研究思路。

二、高职院校产业学院当下主要问题

综合近两年的各类相关研究,当下高职产业学院运行中的主要问题可归类如下:第一,管理体制僵化,合作协调成本高。产业学院在单位性质上隶属于高职院校,虽然相对传统的院系来说具有较自主的人财物等资源配备及运行管理决策模式,但双方往往仍受制于其各自不同的管理模式,原本强调的管理灵活性优势未能充分发挥。第二,校企双方利益目标不一致,合作积极性下降。学校希望获得企业的技术知识、生产管理经验及实习工作岗位等,而企业则希望获得学校便宜对口的人力资源、技术研发能力等,双方合作目的并不相同,并各自以产业学院作为平台寻求期望的利益。只要任何一方利益如果没有得到满足,则合作积极性就不可避免受到影响,甚至中止合作。第三,缺乏冲突解决机制,项目执行力不足。学校采用的是行政化管理方式,企业则有自己的管理决策方式,当校企双方在产业学院的合作过程中产生冲突时,这两种截然不同的管理方式往往导致冲突难以协调解决,在项目上执行力不足,长此以往还会造成各方态度消极,最终将导致产业学院的运行陷入困境。第四,传统教学框架未能突破,创新效益不高。由于教学工作一般都以学校为主导,因此企业不易深入参与到人才培养方案制订、课程设置、教学内容选择、师资调配、教学方法改革、教学评价等职业教育的全过程中,在产业学院合作中企业往往充当了被支配的角色。同时,学校与企业之间也未能形成良性的研发应用互动,学校老师还不能深入企业实现科研创新的转化,进而助力企业技术升级改造。

可以看出,作为一种合作型组织,目前产业学院普遍存在因组织管理而导致的运行不畅的问题。基于管理学角度,组织内涵和管理特征构成了产业学院建设与运行的内在基础,为深层次进行剖析高职产业学院当下问题提供了切入角度。

高职产业学院是一种深层次、立体化、全方位的校企合作办学模式。企业将行业经验、工作岗位、生产工艺、经营管理等资源注入,高职院校将人才优势、科研优势和社会资源注入,形成优势互补并协作发展。与一般的校企合作育人项目不同的是,产业学院是高职院校与优质企业联合创办独立运行的教育机构,既不同于高职院校的二级学院,也不同于短期项目订单式培养,而是保障健全、资质完整、单独招生的教育单位。因此,高职产业学院是在以资源共享、合作共赢为基本目标下,学校与企业在建设之初就签订办学协议,明确规定了相关利益主体的权利、义务和责任边界,对学院的建设和运行有着详细周密的安排,以此保障学院的正常运行。

有效的合作意味着高效率、高质量地共同工作,合作型组织需要消除组织内部的各种障碍,通过有效挖掘组织成员的能力,提高员工和部门间的协同绩效。所以,采取合作型组织管理模式的产业学院,随着校企双方在产业学院中的合作不断深入,在发展过程中必然会是"分工"越来越细,"障碍"越来越多,"协作"难度越来越大,并导致了各种问题的出现。

三、高职产业学院协同创新机制内涵

在信息技术时代,巨大的变革与冲突导致不确定性增加,一切都在重构之中,包括认知重构、价值重构、思维重构。对这些重构的理解需要一个更加广泛的视野、更加互动的关联以及更加开放的格局,类似于一个"生态系统"的逻辑——复杂、多元、自组织以及演进与共生。

当代的组织效能提升不仅仅来自分工,更来自协同创新。基于资源共享理念发展而来的协同创新,是将各个创新主体要素进行系统优化、合作创新的过程,帮助组织进行多元化的资源交流,为自身的发展和创新提供必要的资源保障。协同创新模式下的各个创新主体是相互独立的,但是拥有相同的目标,并且主体间的交流是直接的、快速的。这种模式优化了各种资源的利用,通过协同使创新变得更加容易,而不再仅仅依靠各自单独的能力发挥。

协同创新可以从整合以及互动两个维度来分析(如图 1 所示):在整合维度上,主要包括知识、资源、行动、绩效;而在互动维度主要是指各个创新主体之间的知识共享互惠、资源优化配置、行动同步协调、系统匹配保障。

从高职产业学院来说,协同创新对应为实现校企双方的优势互补,推动产学研全方位发展,提升技术创新能力和人才培养能力,加速科技成果产业化,具体体现在以下内容:

第一,在知识共享互惠方面,高职院校教师和企业人员互为知识的提供者和接受者,双方在教学与生产情境中,通过观察学习、项目合作、岗位流动、技术革新与推广等各种途径获得各自所需要

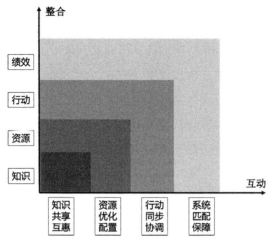

图 1　协同创新理论框架

的知识,并进行加工、整理、创新和应用。教师通过现场观察、参与企业项目与技术革新等活动,将活动中获取的知识与经验用以指导自身的实践行为,或者经由实践活动得出经验,内化为隐性知识;企业人员通过知识共享,促进企业技术创新和员工技术水平增长,实现企业对利润的追求,有助于企业的持续创新与发展。

第二,在资源优化配置方面,产业学院通过对人、财、物以及无形资产等方面的优化配置,不仅要实现高职院校人才培养与科研的需要,也必须满足企业利益的实现。产业学院需要以校企双方确定的合作目标进行精细的投入产出测算,把资源投入产出的综合评价、资源的配置、可能出现的风险等问题统一考虑,使资源配置目标一致,使资源配置风险的预测与控制一致,从而达到双方的优势资源合理的流动并实现配置的优化,既避免投入不足,又避免资源浪费。

第三,在行动同步协调方面,产业学院对于专业规划、师资安排、培养计划、技术创新等重要发展战略均需在学校与企业达成一致共识的基础上制定,共建师资队伍与实训基地,共享教育资源及科研成果。同时,在合作过程中,校企双方尤其要依据本身的优势确定各自的工作重点,并进行对应考核。一般来说,学校方侧重于提升学生的基础理论知识、思维逻辑能力以及教师教学能力和科研能力;企业方侧重于提升学生职业技术能力、就业机会以及技术创新应用等工作。

第四,在系统匹配保障方面,科学管理与保障体系是产业学院运行和发展的必要条件。科学管理不仅可以激发校企双方合作培养高素质、技能型人才的热情,推动传统教学模式的改革,同时也能加快新技术的研发与应用,新产品新模式的生产与推广,提高从科研到市场的转化速度,实现降本增效。此外,产业学院的保障体系以校企双方的利益结合为切入点,创造合作共赢的各项条件,推动规范化合作,保障产业学院的长久运行。

四、高职院校产业学院协同创新机制的建设路径

习近平总书记提出"要建设重大创新基地和创新平台,完善产学研协同创新机制"的重要战略。因此,推动校企合作的深度融合,提升产学研合作质量与内涵,需要建设产业学院协同创新机制的良好实现环境。

1. 凝聚思想共识,强化协同发展战略理念

协同创新是深化产教融合、提升校企合作效能的关键之举,是破解高职院校人才培养与社会需求衔接难题、落实"三教改革"的

重点之策,是完善"教、学、做"三位一体教学模式、遵循职业教育规律培养人才的新支点,是促进校企优势资源互补、引领高职教育与行业企业的高质量发展路径。

高职产业学院在建设过程中,学校与企业两个组成主体要加强以下共识:一是要以产业学院为平台,清晰认知协同创新有助于双方在产学研领域优势互补,实现互利双赢;二是优质人才培养任重道远,高职院校需要培养企业所需人才,企业需要减少人力培养成本,双方非供需关系而是合作发展关系;三是互联网与数字技术发展日新月异,校企双方均不得不应对不断变化的市场趋势,特别是对注重实用性的高职人才培养工作来说,需要不断更新知识体系与培养方案,加强危机感、紧迫感。

当下,资源共享、协作创新已成为推动社会与经济发展的必然趋势。从国家层面来看,长三角、京津冀、粤港澳区域一体化发展已上升为国家战略,优势资源重点利用,短缺资源互补互助,通过协同激发动力,推动整体经济转向高质量发展轨道。从企业层面来看,资源整合已成为促进企业健康发展的重要途径,资源整合能力是企业实现商业模式创新和构建持续竞争优势的重要因素。从更微观的工作层面来说,靠单一技术的突破已越来越难以产生直接的商业效益,只有将资源有效连接在一起构建和创新商业模式并有效协同,才能实现突破性的发展创新。因此,高职产业学院建设要遵循"协同"的管理理念,强化"创新"的发展思路,校企双方要在长远规划的基础上,注重优势互补,把实现互利双赢、共同发展作为建设目标和战略抓手,从而提升产学研创新力与竞争力。

2. 打造协同平台,优化业务与资源管理体系

协同创新需要学校与企业间互联互通,在掌握充分的信息与

数据的基础上统一调度协调各项工作,从而对业务和资源进行优化管理,为此,产业学院的管理离不开协同平台的打造。协同平台促使校企双方将各种内外部资源纳入一个统一的管理决策平台,实现基于业务任务的工作安排,既避免了学校与企业在工作对接管控中可能出现的衔接问题,又能够基于资源最大化利用来服务各项业务决策。

协同平台架构可总结为"五层架构、两个规范体系"(如图2),五层架构自下而上分别是基础设施层、数据资源层、应用支撑层、业务应用层和界面展示层,两个规范体系则是指教学标准规范体系和合作管理规范体系。在平台打造过程中,基础设施层依托大数据技术、云技术及网络安全等软硬件基础设施环境,满足平台高效安全运行的需求;在数据资源层方面,由学校与企业共建各类资源数据库,如教学资源库、教师资源库、科研数据资源库、学生信息数据库等,提供包括报表服务、智能检索、业务分类、效能评估和共享交换等数据管理与应用服务功能;应用支撑层提供包括用户管

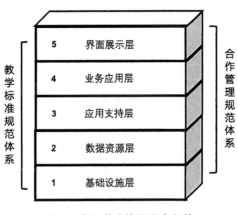

图2 产业学院协同平台架构

理、业务分配、流程监管、绩效测算等服务,并支持服务项的更新与扩展;业务应用层则主要包括综合办公、人事管理、课程管理、项目管理、财务管理等业务,并最好能与校企双方的管理系统实现数据对接;界面展示层是面向使用者提供包括电脑端及手机端的信息展示与交互服务。此外,协同平台还需校企双方共同制订配套的"教学标准规范体系"与"合作管理规范体系",从而在业务管理、资源管理、行政管理、信息发布等方面确保能够按照双方认可的目标与规章高效运行,坚持公平公正、依规办事,才能合作共赢、协同创新。

为统筹资源、打造协同平台,校企双方要特别做好产业学院的顶层设计,为产学研各项工作提供充分的人、财、物支持。同时,产业学院的规划设计需要具有前瞻性和创新性,通过组建专家组研判区域发展战略与产业发展趋势从而确立长远发展目标,并且要有开放的视野和包容的精神,校企合作之路才能越走越宽。

3.完善保障体系,贯彻互利共赢合作宗旨

近些年,尽管在高职教育中也提出了校企双方是"利益共同体"的概念,但在合作过程中,学校往往过多强调自身的行政主体领导权,自觉不自觉地以社会责任和政策限制损害到企业应获的利益;而部分企业由于经济效益导向,往往把追求短期经济利益的最大化当作合作目标,实行"合作搭台,生意唱戏",对产学研工作不愿做实质性投入。"合则双赢,分则两伤",促进产业学院健康发展,校企双方必须要正视对方的利益诉求,保障双方获得利益的权利,激发产业学院内生动力,推动协同创新、共创未来。

针对高职院校与企业合作的保障规范问题,国家现行法规政策的实际操作性较弱,而教育主管部门与地方政府也缺乏针对性的配套政策,现行的政策法规如《职业教育法》和《关于大力推进职业教育改革与发展的决定》等文件,都只是在宏观上对"校企合作"进行指导,缺乏明确、具体的细则。因此,完善产业学院的保障机制,清晰界定学校和企业合作的权、责,厘清权益归属、收益分配、管理监督等问题,也是产业学院协同创新体系建设的重要内容。

除了少数民办高等学校外,关于高等学校的性质问题,不管在立法和社会普遍认识上都比较一致,定位于事业单位,属于法人概念中的事业单位法人。企业与学校在单位属性上的区别,决定了两者在组织的运行与管理上具有根本性差异:企业以追求经济效益为优先,学校则将社会效益放在首位;管理中企业由负责人直接最终拍板决策,而学校则不仅由领导班子民主集中制决策,遇到重大事项还需要向上级所属行政管理部门申请报告后方能执行。因此,产业学院必须以完善各类保障机制为基础,才能提高校企双方合作稳定性,推动校企合作的长效发展。

五、结语

在职业教育产教融合深入开展、人才培养要求不断提升的时代背景下,高职产业学院通过校企优势资源共享、完善运行管理体制机制、系统推进协同创新,不仅体现在校企合作取得了新突破,更在于从宏观层面提高了产教融合的层次,丰富了产教融合的内涵,为推动我国高素质高技能人才培养战略目标的实现提供了有力保障。

(朱军、张文忠,发表于《科技和产业》2020年第10期)

我国数字出版专业技术
人才需求现状调查研究

一、引言

随着5G、云计算、大数据、人工智能等新兴数字技术的日新月异发展与加速应用,数字出版展现出日益广阔的发展前景。从2020年出版类上市公司最新业绩信息来看,一季度由于新冠疫情影响,传统出版业出现下滑趋势,但"掌阅科技"与"中文在线"两家数字出版企业业绩逆势大幅上扬,净利润同比增长分别达到78.24%及105.01%,电子书、网络文学、在线游戏等平台迎来了新一轮用户数增长,互联网阅读成为常态,为数字出版和文化消费带来了新的发展机遇。

从对应的人才培养来说,2008年北京印刷学院开设传播学数字出版方向专业,可看作为国内高校数字出版专业的前身。2011年起,其他高校逐步开始尝试设立数字出版专业,至目前我国已有近30所本、专科院校开设了数字出版专业,为我国数字出版产业输送了一批专业人才。2019年12月,由新闻出版行业职业教育教学指导委员会承担研制的我国数字出版专业正式开设以来首部统一教学规范——《高等职业学校数字出版专业教学标准》修订稿制订完成,并就当前我国数字出版专业技术人才需求状况予以了较全面的调研。

二、我国数字出版专业技术人才需求现状

依据新闻出版总署《关于加快我国数字出版产业发展的若干意见》的定义:"数字出版是指利用数字技术进行内容编辑加工,并通过网络传播数字内容产品的一种新型出版方式。"依此范畴,本次调研专家组于2019年对北京、上海、广州、深圳、南京、无锡、镇江等城市的80家数字出版企业的相关负责人进行了访谈,经整理统计,当前我国数字出版专业技术人才需求现状如下。

第一,从数字出版技术涉及业务面来看,按比例由高到低依次为:电子图书、网络教育出版物、网络动漫、电子期刊、网络原创文学、电子报纸、手机出版(图书)、数据库出版物、网络游戏、数字音乐、手机报纸、手机期刊、在线开放课程和新形态教材(见表1)。其中,电子图书(77.5%)、网络教育出版物(71.2%)和网络动漫(63.7%)占比均在50%以上,即在开展数字出版业务的过程中,这三类业务是半数以上企业的首选。这主要是因为电子图书的制作较为简单,网络教育出版物背后有国家及教育部有关教育信息化的政策支撑,而网络动漫则是数字时代吸引用户流量和大众注意力的"法宝"。

表1 数字出版技术涉及的业务面

涉及业务面	数量(家)	比例(%)
电子图书	62	77.5
网络教育出版物	57	71.2

续 表

涉及业务面	数量(家)	比例(%)
网络动漫	51	63.7
电子期刊	35	43.7
手机出版(图书)	34	42.5
网络原创文学	29	36.2
电子报纸	24	30.0
数据库出版物	22	27.5
网络游戏	17	21.2
数字音乐	13	16.2
手机报纸	11	13.7
手机期刊	9	11.2
在线开放课程	7	8.7
新形态教材	5	6.2

第二,从归属的业务部门来看,承担数字出版技术业务的部门大致有两种命名方式:一是围绕"制作",如"数字产品制作部""制作部""内容制作中心""产品中心""内容中心""研发生产部""编辑部""手游开发部""交付中心"等,这也是最常见的命名方式;二是围绕"技术",如"数字技术部""信息技术部""数据中心""数据部""多媒体中心"等。此外,还有事业部内部数字部门、移动媒体事业部、数字出版部、数字出版中心等。

第三,从企业的技术人员需求来看,我国数字出版技术人员的数量整体较少,6.2%的公司不足5人,42.5%的公司为5—10人,即近5成公司的技术人员都不足10人(见表2)。此外,只有13家企业表示,当前的技术人员已满足数字出版业务的需求,其余67

家均表示企业在前端开发、多媒体制作等岗位上人手不足,缺口在5—30人之间浮动。

表2 企业的数字出版技术人员数量

已有技术人员数量	数量(家)	比例(%)
5人以下	5	6.2
5—10人	34	42.5
11—20人	16	20.0
21—30人	6	7.5
31—50人	12	15.0
50人以上	7	8.7

第四,从人才来源来看,我国企业的数字出版技术人才主要有五大来源,按比例由大到小依次为:面向高校进行人才招聘、企业内部员工转岗、从互联网企业引进、从软件公司引进、从其他出版单位引进(见表3)。其中,面向高校进行人才招聘(83.7%)、企业内部员工转岗(67.5%)占比均在50%以上,且遥遥领先于其他三类来源。这说明当前的数字出版企业主要有两种用人思路——"用新人"(高校招聘)和"用熟人"(内部转岗)。前者拥有节约成本、新人学习能力强、积极性高、易管理等优势,后者则拥有熟悉工作环境、组织架构、企业文化,具有融入新角色快、培训成本低等优势。

表3 企业的数字出版技术人才来源

数字出版技术人才来源	数量(家)	比例(%)
面向高校进行人才招聘	67	83.7
企业内部员工转岗	54	67.5

续　表

数字出版技术人才来源	数量(家)	比例(%)
从互联网企业引进	23	28.7
从软件公司引进	19	23.8
从其他出版单位引进	14	17.5

第五,在人才的资历要求上,从学历来看,数字出版企业对技术人才的学历要求整体不高,67.5%要求为大专以上,25.0%是本科,只有7.5%的岗位明确表示需要硕士及以上的学历。其次从工作经验来看,企业对技术人才的工作经验要求最高的是2年以上(61.2%),其次是1年以上(22.5%),只有16.3%的岗位表示需要3年以上的工作经验,且其中部分为技术管理岗,如技术总监等(见表4)。

表4　人才的学历与工作经验要求

学历级别	数量(家)	比例(%)
大专	54	67.5
本科	20	25.0
硕士或以上	6	7.5
工作经验	数量(家)	比例(%)
1年以上	18	22.5
2年以上	49	61.2
3年以上	13	16.3

第六,关于技术岗位设置与典型工作任务,经过对企业的主要技术岗位信息进行梳理和归纳,从而得出关键技术岗位("同一视

角、不同名称"算同一岗位)的设置情况(见表5)：

表5 数字出版关键技术岗位相关信息

视角	岗位相关信息
规划设计	**岗位名称：** 　　产品规划师、课件设计师、动画设计师等 **主要职责：** 　　数字出版产品功能/脚本的设计，用户体验的优化等 **典型工作任务：** ● 根据产品的知识框架，设计动画或视频等多媒体载体的开发脚本与录制方案，以指导制作人员进行产品制作及录制 ● 根据用户使用行为，改进产品内容和操作方案，优化产品的用户体验 ● 进行相关产品的市场调研，并基于调研情况不断改进产品系统的整体框架 ● 其他工作，如为销售人员提供相应的销售支持、多媒体素材管理、产品介绍的审核与修订等
编辑制作	**岗位名称：** 　　内容编辑、文字编辑、内容制作、VR内容制作、新媒体编辑、有声内容编辑、数字图书加工、文字校对、视频剪辑师、后期剪辑人员、扫描处理专员、电子书代码制作专员、摄像师、手游开发等 **主要职责：** 　　制作数字产品，或对数字内容进行多种表现形式的加工与合成 **典型工作任务：** ● 根据数字内容特点进行数字内容设计 ● 数字内容的分类整理和标识设定 ● 配合产品经理进行有声图书内容的开发制作、创意策划、互动设计 ● 图书故事脚本编写，电子图书内容编写 ● 将纸质书扫描成电子书，添加图片、视频、音频、VR等特效

续 表

视 角	岗 位 相 关 信 息
编辑制作	● 使用图像处理软件精修扫描图片,对图片中的信息进行识别并校对(OCR 识别、文字校对、版式复原),生产矢量内容 ● 利用 Unity3D 软件制作 VR 实验软件 ● 合成录课视频与 PPT,并添加特效和字幕 ● 对矢量文字信息进行 CSS 代码加注(手动或软件),生成不同的格式文件(转码或解码) ● 与客户沟通拍摄脚本,拍摄视频,整理拍摄素材 ● 剪辑视频课程,添加转场特效
视觉美化	岗位名称: 美术编辑、PPT 美化、美工、平面设计、呈现工程师等等 主要职责: 根据要求,对产品进行美化 典型工作任务: ● 设计产品呈现样式,如样式、风格、封面、版面、内页、场景图等 ● 根据脚本/设计,对原始 PPT 素材进行重新排版或美化 ● 平面设计(含 UI 界面设计、背景设计,风格设定,人物设计) ● 分镜绘制(情景动画需要) ● 设计公司宣传资料,如产品宣传册、宣传海报、品牌 LOGO 等 ● 其他:公司微信服务号排版设计;公司营销活动视觉创意设计;公司内刊排版设计;规范管理各个功能视觉,出具公司品牌的标准字、标准色、构图样式等;对视觉规范进行迭代优化等

第七,从企业的技术条件与技术标准来看,不少企业都积极引入了数字出版的各种相关工艺、设备、材料,以实现业务/产品的落地和管理的优化,包括电脑/服务器升级换代,引入数字出版保护

技术、相关工种(如教学设计、阅读设计、呈现工程师)、工具/软件(如内容聚合工具、内容制作软件)、制作工艺(如超媒体制作工艺)、实施工艺(如 AR/VR/MR 实施工艺)、质量检测工艺、各类解决方案(如数字加工解决方案、代码加注解决方案、格式转码解决方案)、各类技术/材料(如绘画板、光学字符识别技术、扫描技术/扫描仪、图像批量化处理技术、文字差错率控制技术、文件加密/解码技术)等。同时,在数字出版的产品或业务落地过程中,不少企业都采用了国内外相关标准,比较常见的纸质档案数字化规范、数字出版编纂符号标准、汉语缩略词标准、国际标准关联标识符/ISLI 标准、中国在线信息交换/CNONIX 标准、Epub 标准、H.264 格式视频压缩标准、视频码流率/分辨率/帧率标准、动画/多媒体的等级分类管理标准、音频质量标准(音量、杂音、声道、前景/背景音)、"项目沟通—产品脚本设计—拍摄—平面美化—后期剪辑合成—测试调整—输出成品"的生产流程标准等,以保证产品和服务的质量。

最后,从具体的软件/算法/语言/工具来看,按重视程度由高到低排序,企业要求数字出版人才"熟练掌握"的技术能力依次为:图像编辑软件(如 Photoshop)、Office 软件、视频编辑软件(如 Premiere)、音频编辑软件(如 Audition)、界面原型软件(如 Axure)、HTML 语言、JavaScript 语言、Hadoop 系统、出版物编辑软件(如 Indesign)、MySQL 数据库、Oracle 数据库、NoSQL 数据库和摄像机使用,其中图像编辑软件(68.7%)、Office 软件(65.1%)、视频编辑软件(62.8%)、音频编辑软件(53.5%)的占比均在 50% 以上,即半数以上的技术岗位都需要掌握这 4 种技术技能(见表 6):

表6 企业要求熟练掌握的数字出版专业技术

专业技术能力	数量（家）	比例（％）
图像编辑软件，如 Photoshop	55	68.7
Office 软件	52	65.1
视频编辑软件，如 Premiere	50	62.8
音频编辑软件，如 Audition	43	53.5
界面原型软件，如 Axure	30	37.5
HTML 语言	26	32.5
JavaScript 语言	23	28.7
Hadoop 系统	18	22.5
出版物编辑软件，如 Indesign	15	18.6
MySQL 数据库	13	16.3
Oracle 数据库	11	13.7
NoSQL 数据库	11	13.7
摄像机使用	2	2.5

然而从企业对数字出版人才培养问题的调研结果（见表7）来看，我国当下的人才专业技术能力培养与企业要求尚存在一定的差距，占据前三位的问题均与专业技术能力培养相关。随着数字出版形态与数字技术应用的持续相互演化，对数字出版人才的技术能力不断提出新的要求，需要相关各方群策群力、协同创新，对人才培养策略做出优化。

表7 企业对数字出版人才培养存在的问题反馈

数字出版人才培养现存问题	数量（家）	比例（％）
数字出版专业实践类课程不足	74	92.5
数字出版专业知识结构不合理	61	76.2

续　表

数字出版人才培养现存问题	数量(家)	比例(%)
数字出版专业技术类课程不足	55	68.7
数字出版人才培养模式开放性不够，与企业、行业联系不紧密	49	61.5
数字出版人才培养的国际接轨度不够	49	61.5
数字出版专业开设高校少	31	38.5
数字出版专业培养目标狭窄	25	31.2
数字出版专业师资力量不足	18	22.5
数字出版人才培养规模不够大	15	18.7

三、结语

　　对于技术技能型人才的培养，党的"十九大"报告中明确提出了"深化产教融合、校企合作"的重要战略。实践经验表明，校企合作通过企业和学校资源共享，实现生产车间和实习车间合一、实习与学习合一、教师与师傅合一、作业与产品合一，有效促进了技术与操作实践能力的学习培养。同时，政府通过制度的有效协调，促使数字出版市场向效率更高、质量更好的形态演进，成为经济可持续增长的重要驱动力。在演化增长的视角下，可持续增长是在供给侧、需求侧以及协调供给与需求的制度侧的协同演化展开的，它表现为供给结构、需求结构和制度结构的有效匹配与协同升级。因此，数字出版专业技术人才培养需要在政府、行业企业、高校三方在各司其职的前提下，充分交互，权变选择合作方式和内容，推进合作深化,共育专业人才,满足我国数字出版产业快速发展的需求。

(朱军、张文忠,发表于《新闻世界》2020年第8期)

基于能力层次结构理论的职业教育"中高本贯通"教学衔接探究

一、引言

"中高本贯通"是中职、高职及职业本科教育 3 个教育层次的连贯衔接,旨在实现职业人才培养便捷、平顺升级,是我国职业教育正在探索的一种新型人才培养模式。2014 年,《国务院关于加快发展现代职业教育的决定》中提出"将中职、高职、本科教育课程体系衔接、产教融合作为现代职业教育改革实践的重点工作"。2019 年 12 月,上海市政府办公厅印发《上海职业教育高质量发展行动计划(2019—2022 年)》,明确要求"使贯通培养成为上海职业教育人才培养的主要模式与方向,到 2022 年,建成 80 个中本贯通专业点、250 个中高贯通专业点、20 个高本贯通专业点和 10 所左右新型(5 年一贯制)职业院校"的发展规划,进一步体现了贯通培养在职业教育中的重要地位,对我国职业人才培养与发展有着重要的意义。

"中高本贯通"不仅仅是职业院校之间的专业对接与学历提升,其实质是与工作岗位需求对应的学生专业能力的提升衔接,各职业院校应该准确定位贯通人才各阶段培养目标并做好针对性的教学设计,从而提升教学质量、深化教育改革。

二、现状与问题

作为直接从事贯通教研规划的负责成员及高职专业教学标准制定专家组成员,笔者基于实际教学安排情况与高职专业教学标准制订调研工作,综合近年的各类研究,将当前"中高本贯通"衔接中存在的主要问题归纳如下:

一是衔接学生的学情基础与学习能力较弱,不适用统一化教学。从生源特征来看,贯通专业招生的学生衔接比例基本为一比一对应,专业针对性更强,但不少学生的学情基础相对略差。在教学中发现,不论是中高贯通还是高本贯通,贯通衔接学生与直接录取的学生合并一起按同样的培养方案教学时,相当部分贯通衔接学生在学习能力上存在一定差距。二是在人才培养方案制定上没有明确区分衔接模式与非衔接模式,教学安排雷同。贯通各院校间虽然也互通学生培养方案,然而各院校多数都采用与非贯通学生同样的教学方法,在课程设置、教学内容与教学方法上区别不大。同时,在同专业实训教学中的层次区别不明显,针对职业岗位能力逐级提升的教学规划能力还有待提高。三是面对贯通培养要求的教学前移,学校在师资力量上配备不足。各级职业院校的定位确定了其匹配师资的数量与能力,对于高一层级培养要求对应的教学任务,不少学校受编制、经费与名气所限,无法引进有相关资质水平的老师,在教学工作能力上无法胜任。四是在贯通培养教学过程中没有突出各级职业教育的特点,贯通人才优势体现不明显。贯通衔接学生前期已进行的生产实习在衔接后被取消,已学习到的实际操作能力与操作经验逐渐淡忘,先发优势无法体现,并且在与直接录取的学生共同培养时由于部分基础课程的缺失而更凸显了技术技能的差距。

因此,当下贯通衔接培养往往呈现出一种简单的"叠加"结构形式,既存在院校课程设置重复、教学质量不高,又存在学生职业经验断档不能持续提升的现象,没有形成层次性、科学性的整体培养体系规划。为此,清晰界定职业教育中高本各层次人才培养规格间的差异,继而准确制订各级职业人才培养计划及教学方案,是中高本贯通教育改革的迫切任务。

三、基于能力结构层次结构理论的"中高本"能力范畴界定

目前,对"中高本"人才培养目标是以职业能力层级进行划分,普遍的共识是中职培养技能型人才,高职培养技术型人才,本科重点培养应用型人才。然而从实际工作岗位胜任能力来看,三类人才在划分上缺乏明确区分标准;如果从技术工作的从事熟练程度区分,高职学生也未必高于中职学生。因此,准确划分中高本三类人才的能力范畴是贯通教学衔接规划的难点,也是关键点,需要突破表象向深层实质进行分析理解。

能力是完成目标或者任务所需要的综合素质,能力的结构因素分析是现代心理学中的重要研究方向,对于深入理解能力的本质,合理设计、进行能力测量,科学地拟订能力培养的原则,具有重要的意义。20世纪60年代,英国心理学家阜南(P. E. Vernon)在

斯皮尔曼(C. Spearman)的"能力二因素说"基础上提出了能力层次结构理论,认为能力是按等级层次组织起来的具有多种成分的复杂结构,并且每一个能力层次都由下一个层次的数量与质量决定。位列于结构的第一层次也是最高层级的是一般因素,相当于斯皮尔曼的G因素,是每一种活动都需要的并判定一个人"聪明"或"愚笨"的决定因素;位列于结构第二层次的是"操作-机械能力"和"言语-教育能力"对应两个大因素群;结构的第三层次是小因素群,把"操作-机械能力"和"言语-教育能力"又细分各类能力群;结构第四层是底层,聚集了与各具体能力对应的特殊因素,特殊因素相当于斯皮尔曼的S因素,负责完成对应的能力活动并到起决定作用。阜南能力层次结构模型如下图:

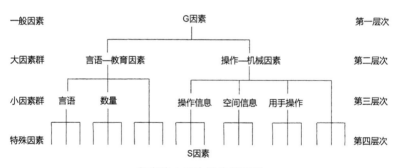

阜南能力层次结构模型图

从能力层次结构模型可知,各级人才的能力差异主要体现在两点:一是随着接受的知识逐渐增多,知识结构越来越复杂,综合能力也越来越强;二是能力的提升顺序是从下往上进行,底层因素对应的知识能力掌握越多越细,上层的综合能力表现为越来越强。对技能型人才来说,目前实践能力培养是中等职业教育教学工作的核心重点工作,强调具有"操作-机械"能力,然而其实质仍然是通过第四层级上的特定能力开始培养,从而形成第三层级能力,并进而形成第二层次"操作-机械"能力。因此,中等职业教育强调由注重理论知识的学习转变为注重动手能力的培养,从加强实践性教学做起,使学生在实践中掌握知识,在实践中提高素质,在实践中培养能力;对技术型人才来说,要求第二层次"言语-教育"能力的建立与第三层次能力的丰富。高职教育能力培养并不只是学科知识的应用能力,而是针对特定职业岗位或岗位群的核心技能,适应多种职业和职业岗位转换的需要,也是高职学生可持续发展和终身发展的要求。具体来说,技术型人才比技能型人才增加了语言表达能力、文字书写能力、自我认识能力、信息处理能力、分析理解能力、调查研究能力、推广应用能力、排疑解难能力、技术革新能力、组织管理能力、职业规划能力等相关要求;应用型人才则是第三层次能力扩展及在第四层次进行细化深入,从而使人才整体能力比技术型人才更上一个层次。应用型人才是行业的"师"字号高级专门人才,如工程师、会记师、律师等,其专业口径较宽,适应面较广,理论水平较实,创新能力较强。因而,应用型人才培养不能简单套用学术型本科人才培养模式,对其能力的评价不仅是掌握学科理论知识,更注重所学知识的应用理解能力、设计策划能力以及合作创新能力等。

职业能力范畴界定不仅清晰地区分了各级职业人才培养的目标,也是职业教育贯通培养发展的核心问题;只有明确各级职业人才的能力与对应知识的具体要求,才能制订有效的教学计划并合理安排教学内容。作为一种新的职业教育形态,"中高本贯通"从体系上改变了传统的职业人才培养模式,把握快速发展机遇并推动高质量发展,需要各级职业院校积极探索培养策略,进一步提升教学能力，以适应贯通培养的新要求。

四、贯通培养衔接的教学优化策略与方法

人才培养的基点是教学，按照职业能力的培养规律，"中高本"各级教育要贯彻循序渐进的教学原则，对学生专业能力进行训练与提升，最终满足对口工作岗位的能力要求。贯通培养衔接的教学优化可以从以下方面进行：

第一，师资互通的有效实施——动态管理、协同创新。

中高职贯通人才培养对教学统筹设计安排有着迫切的需要，贯通院校教师必须充分了解相互的人才状况、培养要求与教学计划，任何一方都不能孤立负责其对应层次的人才培养全部工作，必须由各贯通院校师资互通、协同实施。通过师资互通，各院校的培养任务得以更清晰划分，教育资源得到共同开发与利用，并能解决职业院校普遍存在的师资薄弱问题。而为更有效地实现师资互通，贯通院校需要从管理方法上进行突破。

动态管理被广泛应用于科技型企业的组织管理中，通过对组织内部人力资源的科学调配以满足不断发生改变的岗位需求状况，并作为骨干人员学习和激励的手段。在贯通院校职业教师队伍建设管理中引入这一模式，目的是使现有教师数量与质量最大限度地匹配各级人才培养的需求，并解决职业院校师资不平衡与教学要求动态发展的矛盾，最终实现整体教学质量的提升。各贯通院校应在对专业人才职业发展达成统一规划的前提下，共同打造一个适应贯通培养的师资管理平台，使高层级院校教师可以直接参与低层级院校的课程教学，成为弥补后者师资缺乏的重要途

径;而部分低层级院校中具备较强实践能力及教学技能的教师可以参与到高层级院校进行实训教学,也有利于该层级学生的技术应用能力培养。同时,参与贯通教学的教师们处于更加广阔的环境,能在不同层次的教学主体中得到锻炼,取长补短,教学能力也由此得以提高。

此外,基于资源共享理念发展而来的协同创新,是对参与协同的各主体进行系统优化、合作创新的过程,帮助组织进行多元化的资源交流,为发展创新提供必要的资源保障。在知识共享互惠方面,贯通院校的教师和合作企业教师互为知识的提供者和接受者,各方在教学与生产情境中,通过观察学习、项目合作、岗位流动、技术革新与推广等各种途径获得各自所需要的知识,并进行加工、整理、创新和应用。通过共同开展教学教研、参与企业项目与技术革新等活动,将活动中获取的知识与经验用以指导自身的实践行为,或者经由实践活动得出经验,内化为隐性知识,有利于低层级院校教师拓展理论视野及深度,并提升教师的科研能力。在资源优化配置方面,贯通院校间教师通过协同对实习实训基地、实验室、实习项目进行优化利用,提升院校间资源投入产出的综合成效,达到各方的优势资源合理的流动并实现配置的优化,既避免投入不足,又避免资源浪费。

第二,课程体系的科学规划——准确定位、由浅入深。

在课程体系规划方面,各职业院校需要对应人才层次的培养目标与要求,设计合理的课程结构并保持教材准确选用。除公共基础课程外,在贯通专业课程体系衔接规划上要体现课程的层次性与连贯性,不重复开设同一课程。对需要深化的学习内容,要从能力要求及学情基础结合,准确定位课程内容,并有机扩展新的专业课程,从而在课程设计与相应教材上体现出层次的差别性与衔接的科学性。

从中职课程体系来说,要适应中职学生较弱的学情基础,重点训练学生的技术操作和应用能力,考证以操作工为主。因此,中职的专业基础课设置以基本的知识、技术和方法为主,在专业核心课程上强化技术操作方法与规范,尽量不开设理论分析、计算推埋、逻辑思维类型的课程。对高职课程体系而言,需要在延续中职课程基础上,重点对学生的技术应用能力和技术学习能力进行训练提升,考证以高级操作或技师为主。高职课程的专业基础课需要对于专业知识和技术方法有一定深度的理解及掌握,增加专业技术应用、计算机应用等方面课程,专业核心课程需要强化各类技术的应用,尤其针对不断出现的新技术、新产品要及时调整课程模块。应用型本科课程的设置重点在于加强知识理解与应用创新,考证主要针对各"师"字号职业资格证。因而,在高职课程基础上,应用型本科的专业基础课应增加学科技术通论、大数据技术、项目管理等课程,在专业核心课程上应包含专业技术理论、技术应用、技术实验等课程,理论结合实践,强调创新思维。

围绕课程规划,贯通院校除按专业培养计划选用国家规划统一课程教材外,还应针对专业特色,与行业先进企业共同打造系列化专业核心课程及网络精品课程教材,并在贯通专业共享学习,形成由浅入深、层级连续的独特专业课程优势。各院校在教学资源库平台建设规划时,需要具备项目化与工作过程的特征,通过以专业对口工作岗位为进阶分类标准,不断充实教材习题、项目案例、行业信息等资源,使学生在使用资源库学习的过程中能由浅入深、累积经验,全面掌握岗位工作所需各类知识并加以实践锻炼。同时，为保证资源库教材与案例的长效建设和实时更新，贯通职业院校与合作企业需要建立资源库建设过程管理机制，紧跟行业新技术、新工艺修订新教材，支持课程开放共建，并通过管理权限的设置使各参与单位均能共享。

第三，实训环境的优质营造——软硬结合、厚积薄发。

职业院校教育强调通过实践学习培养技术技能型人才，因此教、学、做"三位一体"式教学模式要求在真实工作情境中开展教与学的各项活动，促进知识与技能相结合、理论与实践相统一。贯通院校要坚持以职业导向为教育中心任务，进一步强化职业工作能力培养的教学深度与力度，紧密围绕工作项目所需知识与技能，搭建工作场景，练习真实案例项目，并在企业工作环境中进行实习实训与订单式培养。

在各行业加快数字化、智能化、绿色化发展的建设指导思想和方针政策下，职业院校应主动作为，与行业领先企业共同筹划，配置能够满足行业先进需求的信息化教学设施，并聚焦学生在职业工作场景中的实训软环境与硬环境的搭建，融入真实工作的指标要求与考核制度，使学生随着专业知识与工作经验的增加，任务解决能力得以不断提升。同时，针对当前实习实践内容碎片化与表面化，教学方法不规范的问题，贯通院校间应进一步统筹实习实践内容，将实习实训长期化、规范化、深入化，使学生从掌握单项操作技能逐步向掌握项目综合解决能力进行提升。此外，贯通院校应在实习实践基地的建设、日常运行管理办法、教师的组成和课酬标准、实习实践学分等方面互通互认，真实体现贯通培养的长期化实训教学需求，减少实训设施的重复购置投入。

高素质高技能职业人才的培养，需要学生对专业工作的长期学习与锻炼,沉下心扑下身,练就真本事。将课堂搬到生产服务一线,工学结合育人,贯通培养既需要坚持长远的学习培养目标不动摇,又根据专业的发展与行业的变化,基于学生能力层级做好中短期提升规划,实现专业经验与能力的积累与提升,厚积薄发向前发展。贯通院校开展各类校企合作、"现代师徒制"等育人模式时,同样要落实职业导师长期化机制,不仅要精选行业德才兼备的专业人士担任,而且要提升导师对学生的"传帮带"工作,保证学生在导师指导下不断提升职业技能,以校企合作双元育人打造符合中国特色社会主义发展的优秀职业人才,充分发挥各方的积极性和创造性,更好地体现我国职业人才贯通培养模式的优越性。

五、结论

加快职业教育发展是我国高等教育普及化发展的重要战略。2019年,国务院颁布了《国家职业教育改革实施方案》,对深化"三教"改革作出专门部署,为我国职业教育发展指明了方向与路径。因此,清晰界定中高本各级职业人才培养规格,并基于贯通培养的特点准确制定对应的人才培养方案,探索优化教学策略与方法,是我国职业教育"中高本贯通"培养模式得以成功实施的保障。

(朱军、张文忠,发表于《职教论坛》2020年第8期)

基于"三螺旋"理论的数字出版技术技能型人才培养机制创新探究

一、引言

数字化转型升级正全面渗透至人类社会的每一个角落,2020年突如其来的新冠肺炎疫情更加速改变了全球的数字化生态,传统线下行业受到极大的冲击,各类在线服务的新增需求迅速出现。为推动经济回暖,数字基础建设投资成为了经济发展的重要板块,数字产业迎来了新的历史发展关键时期,亦使从事数字化内容生产与运营的数字出版专业人才迎来了新的挑战与机遇。面对数字化生态新现状及各类数字技术的新运用,专业人才的培养亦需要做出相应的调整,以适应新形势、解决新课题。

二、现状与问题

2019年12月,我国数字出版专业正式开设以来的首部统一教学规范《高等职业学校数字出版专业教学标准》(修订稿)制订完成,规定了高素质技术技能型数字出版人才的培养需要围绕数字出版技术进步、生产方式变革、岗位工作要求,在课程设置、教学方法与培养形式上遵循职业教育和人才成长规律,引导学生积极参与数字出版业务相关的实习实训,不断提高业务技能和岗位技能;强调职业技能与职业素养并重,以适应新时代数字出版人才的创新能力和专业素质要求。

对高素质技术技能型人才培养,党的"十九大"报告中明确提出了"深化产教融合、校企合作"的重要战略,通过学校和行业企业相互配合、联合教学,达到提升专业人才培养质量的目的,同时增强企业的社会竞争力,推动区域经济稳定、快速发展。然而,随着产教融合、校企合作的广度与深度的不断拓展,联合培养中的合作问题也逐步显现出来,综合最新的相关研究可以归结如下:

首先,校企双方的根本利益目标存在偏差,往往会导致人才培养质量要求上的偏差。许磊(2019)指出,如果企业看中的只是实习生作为廉价劳动力,学校看中的只是减少教学成本,校企合作易形成放羊式的顶岗实习;无论何时送入企业、送入企业的时间有多长,都很难提高培养质量,甚至会给学生的学习管理带来困难。其次,校企合作利益平衡机制不完善,影响企业参与意愿。万兵(2019)认为,校企合作中学校通常只负责常规教学工作和一些力所能及的企业服务,一般不负担其他成本;而企业则需要负担各类显性和隐性成本如实训场地设备、原材料、学徒工资,以及日常管理负担增加和生产效率降低等,总体而言双方之间存在较明显的投入不对等状况。此外,学校的体制属性与管理机制在一定程度上导致了企业处于弱势地位,制约了校企合作的深化。刘杨、林春英(2019)指出,在校企合作的管理中通常以学校为主,对企业的合作地位认识不足,仅把企业当成学校教学的一个实习场所与师资提供方。企业很难参与人才培养目标定位、教学质量管理,并缺乏明确的问责制度和切实可行的问责方式,缺乏开展长期合作的可行度。

长期以来,我国在产教融合、校企合作培养模式上一直强调以市场化为基本方向,在一定程度上形成了一种社会性错觉,似乎只有走纯粹的教育市场化的道路,才能激发校企合作的活力。然而事实上,产教融合作为不同社会属性主体的结合,要整合具有公益性的教育资源与具有经济性的产业资源,推动人才的市场供需对接,绝不意味着政府主体责任的弱化,相反更需要政府的支持和参与。2017年《国务院关于深化产教融合的若干意见》中明确提出:"将产教融合作为促进经济社会协调发展的重要举措,融入经济转型升级各环节,贯穿人才开发全过程,形成政府企业学校行业社会协同推进的工作格局。"因此,推动产教融合深化发展,政府角色绝不能缺位,还要进一步强化政府主体责任,正确发挥职能,形成多方联动、协作共赢的格局。

三、"三螺旋"理论视域下的"产学政融合"模式与特点

"三螺旋"模型理论(Triple Helix Model)是20世纪90年代中期由美国社会学家亨利·埃茨科维兹(Henry Etzkowitz)提出的一种非线性螺旋式的创新模式。在"三螺旋"理论下,政府、产业、高校,因共同目标而产生的螺旋式连接关系,三者相互协同、交叉影响,共享共赢。这种"产学政融合"模式不同于政府监管下校企直接对接的产教融合模式,强调了三方主体间的联动、耦合,从

而产生螺旋式提升效果,两种模式在运行机制与功能上具有根本性区别(如图)。

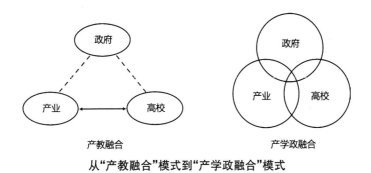

从"产教融合"模式到"产学政融合"模式

在培养数字产业发展所需人才的目标下,基于"三螺旋"理论所提出的"产学政融合"模式提供了新的数字出版人才培养思路。政府、行业企业、高校三方在各司其职的前提下充分交互,权变选择合作方式和内容,推进合作深化,共育专业人才。"产学政融合"培养模式的优势特点主要体现如下:

首先,推动专业人才供给侧与需求侧对接。人才供给侧通过人才数量、人才能力的演化影响需求侧演化;同时,人才需求侧通过对市场需求和人才需求结构的演化影响供给侧的产出变化,并进而与数字产业发展产生双向调节的作用。政府通过制度的有效协调,促使市场向效率更高、质量更好的形态演进,成为经济可持续增长的重要驱动力。在演化增长的视角下,可持续增长是在供给侧、需求侧以及协调供给与需求的制度侧的协同演化展开的,它表现为供给结构、需求结构和制度结构的有效匹配与协同升级。在此意义上,政府的参与对人才供给侧与需求侧之间的演化产生系统性的影响,从而推动两者紧密对接。

第二,赋能企业培养与学生学习的双向发展。数字出版是一门实践性强的应用型学科,对专业人才的要求除了相关理论知识外,还应具备较强的实践能力、创意能力、技术应用能力等。因此,为了满足新形势下社会对数字出版人才培养的需求,必须进一步提升企业培养力度,同时促进学生自主学习能力。"产学政融合"模式下,政府、企业、高校三者共同确定长期人才需求目标,一方面强化学生内心自主的意识,充分激发学生的学习潜能,使之成为学习的主导者,按需学习、自主学习,从而实现教与学的方式变革;同时,企业进一步意识到打造遴选适应行业发展及增强企业竞争力的人才平台的重要性,而非简单的教学合作,其作为教育参与者的角色职能转变为寻求企业生存发展的关键工作,从而使企业重建师生关系、教学关系,提高企业对联合培养的重视程度。

第三,助力产教融合深化与长效运行。数字产业作为战略性新兴产业,各级政府应根据各类文件精神,发挥自身政策制定职能,把推进产业转型升级各项扶持政策及国家规定的校企合作优惠措施实实在在地给予企业与学校。对企业来说,《职业学校校企合作促进办法》中明确指出"企业因接收学生实习所实际发生的合理支出,应依法在计算应纳税所得额时扣除",同时企业可以享受资金扶持、教师编制落实等政策,加强企业参与合作办学的综合效益。对学校来说,教育行政部门、人力资源社会保障部门应当在教育用地、专业设置等方面予以倾斜和支持,鼓励学校主动与数字出版领先企业深度合作,着力提升学校服务数字产业转型升级的能力,把专业建在产业链上,并提高校企合作管理效率,从而建立校企合作深化长效运行机制。

此外,支持创新挖掘增长动力。为加快数字产业发展及数字化转型升级，政府设立了大规模的数字化基础建设投资，支持技术创新和产业创新。"产学政融合"下各方通过设立孵化器，积极倡导知识产业化，高校把新知识从科研领域转向经济领域，并培养高素质专业人才；企业积极参与各类创新项目的培育与辅导，招募高素质技术技能人才；政府扮演积极干预主义者角色，对企业、高校赋予更多合作机会，鼓励组织间的相互作用以激发组织的创新力，积聚学校师生与企业技术人员的创新力量，探索创新之路。

四、数字出版人才培养机制创新的策略与实施路径

当下新一轮科技革命和产业革命正在进行，数字化生态转变成为当前经济发展中最为宏大而独特的实践创新，面对亟待解决的数字出版人才培养改革的问题，需要新的方向、新的方案、新的选择。"产学政融合"培养模式是"产教融合"的深化与创新，实现生产关系调整从而激发专业人才培养发展的活力，对高素质数字出版技术技能型人才培养工作具有实际操作意义。

1. 重构边界，连接共生

数字出版不仅仅是内容产业，而且与现代商业、服务业、信息产业融合越来越紧密。要抓住数字时代中的机会，从事数字出版的企业与开设相关专业的学校就必须判断在哪一个市场边界具有较大的消费规模和发展潜力。与市场主流保持与时俱进，才有可能抓住整个行业快速发展的契机，顺势而为实现企业的突破性发展，同时也带动区域经济、行业和人才需求的发展。作为经济与行业运行发展的引导者与规则制定者，政府参与下的"产学政融合"培养模式，会促使校企双方眼界大开，由此成为数字化领域的领先

者。同时,与校企的深度结合,也促使政府获知更多的行业信息、技术趋势及市场反馈,使区域政府能制订更为准确的行业发展规划与目标,针对性打造技术技能人才的专业核心优势。

同时,互联网技术的高速发展、数字化生态的迅速转型,使产业环境与行业边界处于不断变化中,导致对产业转型升级中因各类因素相互作用而创造出的新机会与新趋势的判断越发困难。在这种困难的背后,存在一个本质性的问题:组织的绩效不再由组织内部的因素约定,而是由围绕在组织外部的因素决定,即使组织内部已经做得非常好,甚至远远领先于同业,但依然无法逃离被淘汰的可能性。当下,数字出版相关企业、学校与区域政府都处在复杂的产业网络中,政府不仅是经济发展运行的倡导者,同时也要担当好参与者的角色,只有与行业企业与高校共同联合起来形成共生体,群策群力、积极应对、强力推进,才能实现共同发展,进而促进专业人才的需求与培养。

2. 资源优化,协同创新

人才培养离不开人力、财力、物力投入,尤其对于数字出版人才来说,技术应用与技术创新能力是数字产业转型升级成败的关键因素。在"产学政融合"培养模式下,各方需要调动优势资源,科学配置,加强规划与管理,提高资源利用效能。资源优化整合从政府来说,包括大力支持研发数字高新技术,规划布局重点行业的数字化建设,加快推进5G网络建设,组织实施数字技术产业化专项工程,在政策允许范围内支持扶植"产学政融合"项目等;对企业来说,包括将真实项目作为人才实训内容,配备具有丰富经验的人才导师及实训学习环境等;对高校来说,要给"产学政融合"更大的资源配置权和发展空间,在资金、无形资产、人力资产、信息技术资产等向优质项目、优质人才聚集。

在资源优化配置的基础上,"产学政融合"培养应立足数字产业发展规划实际,面向数字科技发展前沿,以经济发展需要和市场需求为导向,合理选择数字出版专业人才培养协同创新的重点领域和核心环节。在创新规划协同方面,加强对技术重点领域的研究与应用,加入对产业化共性技术和高科技项目的重视,从而打造专业人才集聚优势。在创新主体协同方面,需要改变以往的高校主导地位,区域政府与企业要紧密把握市场需求,与高校共同开展实行"一站式"深造、"一条龙"培养。在人才协同方面,需有由产业发展规划、技术应用与创新、教学与科研的相关人才共同组建工作组,健全人才管理与激励机制,围绕项目优化配置人才,充分发挥人才作用。

3. 布局前沿,战略扶持

能否站上数字科技革命和产业变革的风口,决定着区域数字经济发展的成效。深圳、杭州的成功,很大程度上就得益于始终能在数字产业变革的最前沿捕捉机会,并得益于专业人才的大量培养。在当下新一轮数字产业发展变革中,人工智能、大数据、云计算、5G、虚拟现实等数字技术应用需求愈发强烈,"产学政融合"培养模式下的各方需要顺应产业趋势,开放更多产业链应用场景,发挥"数字化+"效应,奋力抢占产业制高点,瞄准培育具有国际国内竞争力的数字出版产业项目与人才,组建产业转型推动共同体,实现政府引导下的产业抢先布局。

在互联网的推动下,数字化发展已不仅是地域性竞争,需要建立全球性先发优势才能获得成功,因此,政府、企业、高校均需深刻认识数字产业发展的紧迫性,加紧高素质技术技能型人才的培养和项目孵化,从政策上和行动上把握这一历史机遇。这其中,"产学政融合"下的各方联合金融机构及科技中介等主体,共同设立产学研孵化器是对高素质人才培养进行战略扶持的重要实践模式。在孵化器运作过程中,高校与企业共同负责项目引入、人才输送、项目辅导与技术研发应用,政府在政策给予相应的支持,并引导银行机构和创投机构与平台对接,搭建优质项目孵化平台。通过该平台上的各类项目创新,实现对优秀人才的选拔,群体跃进,不断积累产业突破的能量。

4. 顶层设计,强化保障

要实现数字出版技术技能型人才队伍的高质量发展,政府、企业、高校需要共同做好"产学政融合"模式的顶层设计,需要重视以下方面的内容:一是发展愿景构建。针对区域经济与产业发展的长期目标,抓住突破的关键点,有针对性地构建"产学政"模式的发展愿景与各级目标。二是合作理念构建。根据政府、企业、高校合作各方对教育价值认同的理想追求,既能体现先进的教育思想,又能通过奋斗实现,体现切合实际的、可实现可操作性的合作思路,主动适应区域数字产业转型升级需要。三是特色专长构建。数字出版工作涉及专业技术知识面广,不仅需要具备网络信息采集编辑能力,还包括图像处理、音视频制作、界面设计、虚拟现实制作等技术应用能力,因此在系统综合学习基础上,各方需要依据产业发展规划方向,对部分能力进行重点学习培养,从而构建专业人才核心竞争力。

同时,"产学政融合"模式的健康发展离不开相关的法律和相应的规章进行保障。例如德国"双元制"是由国家立法支持的校企合作办学制度,在法律基础之上建立了一系列的法规,明确了企业和学校各自应承担的教学实践的任务与师资安排；加拿大政府则通过立法规定了由行业所设立的人才资格体系认证标准，同时规定了人才培养体系中政府、行业企业、培养机构各自应承担的职责。因此，参考国外的先进经验，使我国的"产学政融合"模式能够沿着良性的轨道向前发展，需要出台人才发展体制改革、企业利益保障、校企合作运行规范等一系列制度措施，从经费支持、发展引导、平台搭建、管理制度等方面统筹兼顾，全方位为人才培养提供良好环境，打造符合中国特色社会主义发展的优秀数字出版专业人才。

五、结论

习近平总书记始终强调，人才是第一资源。数字产业发展离不开高素质数字出版技术技能型人才的培养，新的信息技术、数字技术的应用不断为数字出版工作注入新的活力，促进产业结构进一步调整升级，其所带来的挑战与机遇要求数字出版人才培养模式不断做出相应调整。基于"三螺旋"理论的"产学政融合"培养模式，是对传统产教融合模式的深化，通过政府、企业、高校共同参与人才培养，提升协同育人的总体效能，旨在培养出更多的优秀专业人才，契合区域经济与数字产业发展需求。

（朱军、张文忠，发表于《科技和产业》2020年第9期）

产教融合背景下数字出版应用型人才社会化培养探究

一、引言

数字技术革命不仅已对传统出版行业造成了巨大的冲击,并且又一次催动专业人才结构的演变。据新闻出版行指委 2020 年数字出版行业发展调研数据显示,在技术与内容有机结合成为新型数字出版形态的发展趋势下,数字出版企业最需要的是技术制作人才(92.5%),其次是产品设计人才(83.5%),而传统出版所最为注重的内容策划与编辑人才(76.2%)排名第三,体现了当下数字出版行业最紧缺的是专业应用型人才(如表1)。

表1 数字出版企业人才需求类别

数字出版企业人才需求类别	比例(%)
技术制作人才	92.5
产品设计人才	83.5
内容策划与编辑人才	76.2
资源整合人才	67.5
数据分析/管理人才	61.2

续　表

数字出版企业人才需求类别	比例(%)
平台/产品运维人才	57.5
市场营销人才	53.8
高端领军人才	38.5
软件开发人才	31.2
综合性管理人才	26.2
版权管理人才	13.7
一般行政人才	7.5

区别于普通高等教育偏重理论知识学习,应用型人才的培养强调在具备扎实理论基础的同时要对接市场需求,掌握专业技能技术并转化为实际生产力,强化通过实践教学促进技能提升。2014年,国家新闻出版广电总局和财政部在联合下发的《关于推动新闻出版业数字化转型升级的指导意见》中提出:"支持出版企业与高校、研究机构联合开展基础人才培养,开展定向培养。支持相关技术企业与高校、研究机构联合开展数字出版业务高级人才培养。"2019年,《国家职业教育改革实施方案》明确提出支持各地调整优化高等教育布局结构,推动高校多样化办学、特色化发展,鼓励产教融合、校企合作,进一步为数字出版应用型人才的培养提供了方向指引与政策支持。

二、当下数字出版专业应用型人才培养中的问题

1. 人才培养数量与层次无法满足行业发展需求

为适应新技术环境下出版产业数字化、信息化、网络化等发展

的新要求,数字出版专业人才培养体系逐渐形成。公开数据显示,至 2018 年我国共有 26 所本、专科高校开设了数字出版专业,平均招生人数为 50.95 人。其中招生人数最多的学校为上海出版印刷高等专科学校,2018 年面向上海市招生 52 人,省外招生 48 人,合计招生 90 人;而招生范围较窄的院校如曲阜师范大学,2017、2018 年均只面向本地(山东省)招生。然而,即便把以上所有院校全部视为培养应用型人才,其培养数量也远远不能满足已达万亿级的数字出版产业的发展需求。包括作为数字出版产业龙头区域的上海,虽然拥有世纪出版集团、阅文集团等行业领先企业,并且成功打造了以张江国家数字出版基地为龙头的数千家数字出版企业的产业集群,但目前只有一所高职院校开设了数字出版专科层次教育,支撑产业发展的专业人才基础极为薄弱,专业布局存在结构性问题。

2. 人才培养方案未契合专业本质

对于数字出版的理解不能仅仅理解为传统出版的数字化,或者 0 和 1 二进制代码的全流程化。数字出版与传统出版本质性的不同在于信息组织的方式、传播方式、生产流程发生了革命性的变革。然而目前数字出版专业课程体系普遍以传统媒体出版课程为基础,进而扩充网页设计、网络编辑、动画制作、音视频处理等数字出版技能相关的课程,提高学生在多媒体平台上进行编辑运作的能力是目前高校数字出版相关专业主流的培养方案。这种数字出版专业人才培养方案的实际教学课程结构仍然基于传统出版理论知识为核心基础,把数字出版简单认为是"数字技术+出版",未能呈现出数字出版的本质是对传统出版是一种整体生态性的改变,在人才培养方案、课程设置、教学管理、实习实训等方面缺乏有效的培养策略与方法。

3. 专业技术技能实践学习质量待提升

当下数字出版专业实践教学由于学时少,学生在并不复杂的操作中多次重复进行同一个内容直至实训结束,加上以文科基础招收的学生计算机基础及应用能力较弱等原因,学生在短时间内掌握编程方法并实现实训要求具有一定困难,相当一部分学生基本是完全按照教师给的方案照抄一遍当作实践学习,不具备独立完成的专业能力。此外,由于我国目前制定课程标准以本校教师制定或以本校教师为主完成,缺乏到企业实践的机会,对企业的合作地位认识不足,仅把企业当成学校教学的一个实习场所与师资提供方,企业很难参与人才培养目标定位、教学质量管理,造成了部分课程实训内容不明确,学生在校期间的知识与能力未能得到全面、彻底的培养和训练,与实践教学课程的要求标准存在一定差距。

综上所述,为培养既掌握扎实技术理论知识又同时具备职业岗位工作能力,能熟练从事数字技术应用、数字内容开发、融媒体出版与传播方面的数字出版应用型人才,需要进一步拓展培养思路、创新方法,并成为当下人才供给侧结构性改革的重点与难点。

三、人才社会化培养的内涵与优势

人才社会化培养理念来源于社会化生产理论(Socialized Production),是指社会各方共同参与的一种开放式人才培养模式。从广义上,只要是由社会性组织及个体参与的人才培养过程都可以称之为社会化培养,包括企业培训、社会培训、互联网教育、广播电视教育,甚至是家庭教育,由此产生的教育内容、结果都可认为是社会化培养;从狭义上来说,社会化培养是指在以高校牵头,充分吸引并发挥具备优势资源的社会各界力量参与,体现产教融合、校企合作的多方参与人才培养机制,从而解决师资力量不足、学生知识结构和能力结构与社会需求脱节的问题。人才社会化培养主要包括以下两个主要特征:

首先,培养主体的多元化。产教融合不仅仅是学校和行业企业两个主体相互配合联合教学,针对应用型人才培养来说,高校、政府、产业均为培养主体并且有机组合,在传统校企合作基础上组成了"高校-政府-产业"的三螺旋模型(如图),三个培养主体在培养机制与合作过程中相互交叠、渗透,从而减少衔接损耗,充分发挥各自主体优势。从数字出版相关的培养主体来说,相关高校需要与新闻出版主管部门、区域管理部门、行业优秀数字出版类企业形成人才培养共同体,使专业人才培养与行业发展、区域发展、企业发展紧密结合,在不断交互作用下,产教融合最终形成一种个体独立、相互支持、跨界发展的三螺旋协同创新结构。打破各方边界

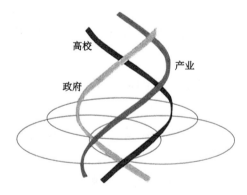

"高校-政府-产业"三螺旋模型图

和界限,不断融合内外部资源、提供机遇共同培养优质专业人才,并进而形成人才反哺,推动数字出版相关企业、行业、区域经济快速发展,实现良性循环。各方在数字出版专业应用型人才培养过程中均扮演着培养主体的角色。为了把握培养目标与方向,相关各方针对行业与市场发展需要,面向技术发展趋势与热点,做好正确的培养方案,最终共同组织实施教学计划。

同时,实践学习的工作场景化。应用型人才的培养要求更贴近工作岗位,促进大学生向"职业人"的社会角色转变,按照工作岗位角色的需要进行实战综合性学习与锻炼,从而适应职场工作环境。因此,在数字出版学习过程中,需要打破常规的理论为主操作为辅的学习模式,将包括电子书制作、网页交互设计、动画设计、视频拍摄在内的各类数字出版常见真实项目,利用校内外实训基地及网络环境,以实际工作要求标准创设情境教学环境,通过边学边实践完成项目操作,达到相关专业技术能力要求,充分发挥学生的主观能动性。这种工作场景化的学习不局限于课堂式教学形态,而是让学生在校内老师与企业导师的指导下,探索性学习与互动学习交流,从而完成指定的工作任务。创设工作场景时,需要注意学习内容与工作内容相对应,并且符合由浅入深的学习规律;在指导示范过程中,要引导学生思考项目完成所需的内容与方法——从"引"到"扶",让学生自己学习并动手,发现问题后通过指导示范使学生从"不会"到"会",逐步达到工作技能要求,在不断实践的项目中完善自身专业能力。

人才社会化培养模式满足了数字新技术新知识不断更新、现代出版传媒产业转型升级对应用型人才的培养要求,以及数字出版专业向多技术综合应用的发展规划趋势,相较传统的高等教育教学方式体现出以下优势：

第一，提升了应用型人才的培养能力。聘请校外企业导师是产教融合、校企合作的重要内容，然而由于受外聘待遇不高、社会荣誉感不足、企业支持不力等因素影响，兼职教师队伍中真正优秀的技术专家数量始终未达到理想效果。通过建立人才社会化培养机制，推动企业与行业主管部门、人才供给两端紧密结合，极大地提高了企业及专家人才参与人才培养的意愿，有效提升教师队伍专业技术能力水平，并通过积极开展各类教研活动，促进教师采用或编写最新的技术培训教材，改进教学方式方法，提高教学质量。同时，通过把更多优质社会资源转化为高校育人资源，吸纳更多行业企业积极参与制定人才培养标准、完善培养方案、重构课程体系、加强课程建设、更新教学内容、共建实训基地、实施培养过程、评价培养质量，形成提高人才培养质量的巨大合力。

第二，提高了专业技能的学习效果。人才社会化培养建立了以能力为本位的专业课程体系，提供了体验完整工作过程的学习机会。数字出版工作过程涉及信息处理、内容采编、动画设计、拍摄剪辑、融媒发布等各环节，需要在课程设置及教学安排上紧密结合，按照工作过程的技能需要学习对应的理论与实践知识并形成教学顺序，从而得以处理完整工作过程各环节，注重以工作任务完成所需的技能掌握，而不是关注知识的记忆。此外，增强职业意识、提升专业认可度对学生的学习效果也起着重要作用。因此，学校在开设职业生涯和就业指导课程的基础上，可以通过持续邀请企业精英、杰出校友等优秀代表向学生介绍奋斗经历、市场形势等，加深学生对就业前景和成长目标的认识，促使学生从大一开始就了解并时刻关注数字出版行业的发展与变化，从而尽早确定职业方向与目标并为之努力。

第三,促进了人才培养的开放式创新。如何在动态多变的环境下,创造并保持人才培养的竞争优势是数字出版专业院校研究的一个中心议题。行业、企业的发展需要创新,人才培养亦需要创新。在数字出版领域,新技术、新形态更新换代加速,创新能力与创新速度成为专业人才培养制胜的关键。高校受限于师资编制与财政投入,完全依赖自身资源开展创新的"封闭式"模式已经过时,必须善于利用外部资源进行开放式创新(open innovation)。作为一种新型创新模式,数字出版应用型人才培养的开放式创新通过社会化合作开发、联盟、众包等方式开展跨界知识、资源集聚,准确把握和实现融媒体时代下出版业从单一纸质书出版转型到电子书、有声书、视频、动漫、微电影、影视等多种媒体呈现所带动的生产流程多领域扩展的技术应用能力学习要求,进而提高人才培养创新绩效。

四、人才社会化培养的实践路径

不论从当前数字出版人才要求还是产教融合政策导向来看,人才社会化培养模式已不再是产业人才发展路径中起辅助作用的"补充项";多元化结构的培养主体、以专业能力为本位的培养方案与资源配置代表了数字出版应用型人才培养模式的未来发展方向,这就要求相关人才培养机构积极应对数字出版人才供给侧结构性改革带来的深刻变革,推动人才高质量发展,提升人才竞争力。

1. 完善产教融合体制机制建设

要实现人才社会化培养,必须做好"高校—政府—产业"融合模式的顶层设计,重视以下3方面的内容:一是发展愿景构建。针对区域经济与数字出版产业发展的长期目标,抓住突破的关键点,有针对性地构建人才队伍建设的发展愿景与各级目标。二是合作理念构建。根据政府、企业、高校合作各方对教育价值认同的理想追求,既能体现先进的教育思想,又能通过奋斗实现,体现切合实际的、可实现可操作性的合作思路,主动适应区域数字产业转型升级需要。三是出台人才发展体制改革、企业利益保障、校企合作运行规范等一系列制度措施,从经费支持、发展引导、平台搭建、管理制度等方面统筹兼顾,全方位为人才培养提供良好环境,打造符合中国特色社会主义发展的优秀数字出版专业人才。

2. 优化资源配置实现协同创新

人才培养离不开人力、财力、物力投入,尤其对于数字出版人才来说,政府、企业、高校各自调动优势资源加快推动出版产业转型升级及数字技术应用,将为人才发展提供广阔的舞台。在人才社会化培养模式下,各方需要加强规划与管理,提高资源利用效能,实现协同创新。从政府来说,需要大力支持研发数字出版高新技术,规划布局出版业的数字化建设,加快推进5G网络建设,组织实施数字技术产业化专项工程等;对企业来说,需要及时将合适的真实项目作为实训内容,配合高校编写特色实训教材,配备具有丰富经验的技术导师及共建实训学习基地等;对高校来说,要给予社会化培养项目更大的资源配置权和发展空间,在资金、无形资产、人力资产、信息技术资产等向优质项目、优质人才聚集。

3. 基于需求导向准确制订培养方案

为适应网络和数字技术以及现代出版和文化创意产业的快速发展现状,数字出版应用型人才培养强调产业需求导向,注重跨界交叉融合,着力寻求产业人才需求增长点,通过产教融合、校企合作指导和推进学科专业设置,准确制订人才培养方案。经对数字出版企业 2020 年网络招聘数据进行不完全统计,新媒体内容编辑(22.6％)、网页设计制作(17.3％)、销售服务(15.6％)、图像编辑处理(12.6％)、音视频制作(10.4％),占据招聘岗位前 5 名。因此,在制订人才培养方案时,培养各方需要共同确认以上重点岗位对应的职业能力及素质要求,并规划课程、教学内容和学时分配,在系统综合学习基础上,依据学生个性兴趣及学情基础,对部分能力进行重点学习培养,从而构建专业人才核心竞争力。

4. 战略扶持

能否站上数字科技革命和产业变革的风口,决定着区域与出版业发展的成效。深圳、杭州的成功,很大程度上就得益于始终能在数字产业变革的最前沿捕捉机会,并得益于专业人才的大量培养。在新一轮数字产业发展变革中,人工智能、大数据、云计算、5G、虚拟现实等数字技术应用需求愈发强烈,人才社会化培养模式下的各方需要顺应产业趋势,开放更多产业链应用场景,发挥"数字化+"效应,奋力抢占产业制高点,瞄准培育具有国际国内竞争力的数字出版产业项目与人才,组建产业共同体,实现政府引导下的产业抢先布局且获得相应的政策支持,同时搭建优质项目孵化平台并引导银行机构和创投机构进行对接,实现优秀专业人才群体跃进,不断积累产业突破的能量。

五、结论

习近平总书记指出,供给侧结构性改革的主攻方向是减少无效供给,扩大有效供给,提高供给结构对需求结构的适应性,为人才供给侧结构性改革明确了方向与思路。人才社会化培养以其更为开放、更加灵活、更能适应出版产业转型发展需要的人才培养特点,促进了数字出版向综合性、多科性的学科交叉渗透的专业发展新格局,并以此推进学科专业设置、建设和发展的具体工作,为数字出版应用型人才培养提供了新思路。

(朱军、张文忠,发表于《新闻世界》2021年第2期)

媒体融合视阈下高校出版人才培养模式研究

媒体融合(media convergence)的概念最早由美国麻省理工学院教授尼古拉斯·尼葛洛庞蒂(Nicholas Negroponte)提出,他用"电视和广播业""出版印刷业""计算机业"3个同心圆来说明媒介技术、媒介形式、媒介经营有融合在一起的趋势;普尔教授(Ithiel de Sola Pool)对这一概念进行了延伸,认为媒体融合是指媒介的多功能一体化趋势。经过不断演进和阐释,媒体融合的概念不仅是对信息传播领域的一种技术性描述,还包括媒体内容、媒体组织、媒体所有权、传播手段等要素的融合。

2014年,我国出台了《关于推动传统媒体和新兴媒体融合发展的指导意见》(以下简称《意见》),媒体融合成为特定时期特定环境下的特定表述。《意见》提出,推动媒体融合发展,要遵循新闻传播规律和新兴媒体发展规律,强化互联网思维,坚持正确方向和舆论导向,坚持统筹协调,坚持创新发展,坚持一体化发展,坚持先进技术为支撑。从《意见》可以看出,媒体融合不是传统媒体和新兴媒体简单相加,而是基于互联网思维,由数字化和网络化激活的一种新的信息服务范式和新型传播生态。

当前,随着媒体融合不断向纵深发展,我国出版业正在经历深刻变革,出版的产业生态、商业模式、产品形态都在发生深刻的变化,出版的内容生产、管理过程、传播渠道等全产业链正在被重构。出版业的发展关键在人才,面对媒体融合的发展大势,高校必须加快培养符合行业发展和社会要求的新型出版人才。

一、媒体融合发展对出版人才培养提出的新要求

媒体融合发展使得学科之间的界限越来越模糊,跨学科的研究越来越主导整个出版教育的发展。传统的出版人才培养往往侧重于专业化技术人才,注重出版领域的知识体系建构和相关技能的培养,但在媒体融合环境下,出版专业教育的主要内容不再是技术性和专一性,它所涉及的范围不再仅仅是系统的编辑出版理论知识和技能,还包括计算机、经济、管理、法律等方面的内容。在媒体融合时代,出版业最需要的是具备跨学科融合能力的复合型知识结构的出版人才。

1. 具有超媒体叙事的思维模式

超媒体叙事这一概念最早由美国麻省理工学院教授亨利·詹金斯提出。所谓超媒体叙事是指基于当下媒体融合的趋势,将叙事内容系统地散布于多个媒体平台,每个媒体平台都在传播信息中承担独一无二的作用。超媒体叙事不是出版内容在不同媒体上的简单复制,而是根据"元叙事"进行的多媒体互文生产。超媒体叙事不仅仅是一种叙事策略,更是一种创新思维,它不是强调从技术的角度去推动媒体融合,而是强调从文化的角度去构建用户与媒体之间的一种新的关系,创造出更有价值的内容产品。

超媒体叙事的出版产品开发策略,涉及诸多关联行业的企业,

而且开发周期循环往复,不同于传统出版企业"一次选题策划,一次编辑加工,同步发行跨媒体产品"的一次性开发方式,而是更需要出版人在策划一个新项目的时候,秉持全局观念;叙事的内容不仅要适用于一般的图书出版物,也要适用于电影、电视、游戏等媒体的内容生产,充分考虑不同媒体的用户需求,制定好整个故事的"元叙事"战略,积极运用超媒体叙事的思维,善于与其他媒体产品开发企业打交道,牵手关联行业的企业,共同开发制作多种媒体形态的跨界产品。因此,要适应媒体融合发展,新型出版人才要突破原有的传统出版思维和固有的媒体界限意识,建立起超媒体叙事的思维模式。

2. 具有较强复合型知识结构和创新能力

媒体融合发展背景下,单一学科的专业背景已经无法满足出版企业的需求,出版企业更青睐不仅掌握出版学科知识,还掌握计算机、经济、管理等跨学科知识或具有多学科背景的复合型人才。媒体融合时代,出版不再是传统图书编辑在严格分工下的单兵作战,而是高度协同的团队运作;出版人才不仅要具备选题、组稿、审稿、加工、校对等传统的编辑出版能力,还需要像一个产品经理一样,具备产品思维、市场运营、组织协调等能力。以传统出版企业上海交通大学出版社近年的招聘条件为例,科技图书的策划编辑岗位要求为理工类专业、具有较强的出版专业基础知识、语言文字功底较深,同时还要有互联网思维、市场嗅觉灵敏,对科技知识在互联网的传播和运营有兴趣,具有较强的协调组织能力和团队精神。另一方面,媒体融合时代,出版是一个充满创意和创新的行业,跨界、融合、不确定性是这个产业的重要特征,这意味着出版业的未来具有很多的可能性,出版人才只有勇于创新、善于学习,敢于突破传统出版思维和方式方法,尝试确立与互联网时代传播相适应的生产、营销等方式，才能适应媒体融合发展的趋势。

3. 具有坚定的社会主义核心价值观

媒体融合时代，网络和数字技术裂变式发展，传播格局和舆论生态都发生了深刻的变化，但不论媒体格局和出版业态如何变化，出版业所具有的价值取向属性不会改变。出版业要始终坚持正确的出版导向，把社会效益放在首位，追求社会效益和经济效益相统一。出版产品在策划、编辑、复制、发行的每一个环节都不仅仅是一个经济价值实现的过程，更是实现和传承"满足精神文化需求、传播主流意识形态"的社会价值传播过程。出版业的价值取向属性决定了出版人才必须具有坚定的社会主义核心价值观，必须以传播知识、传承文明的历史使命为责任担当。身处传统媒体与新兴媒体融合发展的大势，出版人才不能向流量和点击率卑躬屈膝，而应坚守社会主义核心价值观，防止滋生单纯的市场观点，避免片面追求经济效益，忽视社会效益的倾向。

二、当前高校出版人才培养中存在的问题

通过对部分高校出版人才培养方案的研究和实地调查，当前我国高校出版人才的培养存在如下主要问题。

1. 人才培养目标不能完全适应媒体融合发展的趋势

我国近 100 所普通本科院校开设了出版专业，至少 50 所高校招收出版专业的研究生。但无论是本科生还是研究生，出版人才的培养目标仍然是"两张皮"。比如，武汉大学信息管理学院本科出版专业分为编辑出版学专业和数字出版专业，其中编辑出版学专业人才主要培养拥有扎实的编辑出版学理论素养与实践技能的

编辑出版高级专门人才；数字出版专业主要培养具备系统的出版学理论素养与信息技术实践技能，能从事互联网出版、数字内容生产、发行与管理的复合型高级专门人才。从这些高校的出版专业设置中可以明显看出，高校对出版人才培养的目标泾渭分明，编辑出版学等传统的出版专业人才培养目标主要针对传统出版企业，数字出版人才培养的目标主要针对数字出版企业。这种"两张皮"的人才培养目标显然不能适应媒体融合发展的趋势。

2. 人才培养方式普遍落后于媒体融合发展的要求

为了适应媒体融合发展趋势，培养更多适应市场需求的出版人才，我国不少高校在出版专业课程设置上确定了以出版理论为基础学科，在此基础上重点开设了计算机技术、数字信息技术、经营管理等跨学科课程；但部分高校在课程设置上过多强调理论知识，而且很多是偏向于出版与新闻传播知识，数字技术、媒体运营与管理等方面的课程较少，基础理论及文化修养类传统课程学分占比居高不下，造成出版专业课程内容较为单一和传统，不能适应媒体融合发展的要求。

在教学方式上，灌输式教学仍是出版专业教学中的主要方式。然而，媒体融合环境下的出版专业是出版基础理论、计算机技术、网络技术、数字平台运营和经营管理知识相互融合的专业，它对于学生在学习过程中的主动性、应用性以及实践性的要求特别强。尽管各高校积极进行教学改革，试图改变过时的教学方式，注重学生在教学过程中的主动地位，但是在实际的教学过程中并没有获得实质性的进展，背后的原因与专业扩招、生源质量参差不齐有一定关系。出版专业是一门实践性很强的专业，尤其在媒体融合环境下，它的实践性更加凸显。出版人才的培养是否能够适应媒体融合的发展,很关键的一点在于实践教学是否成功。在现实的教学过程中,实践教学的比重虽有所增加,但整体比重仍然较低。学校与企业的合作往往停留在表面,在人才培养方面没有深入的交流和合作,导致实践教学内容不够丰富、形式大于内容,不能适应媒体融合发展对复合型出版人才的需求。

3. 师资队伍建设不能满足融合出版人才培养的需求

根据调查,大多高校出版专业师资队伍的知识结构比较单一,且以人文社科为主,具有出版、计算机技术、经营管理等跨学科知识结构的教师相对缺乏,能够把握媒体融合发展规律对出版产业影响的教师更少。其次,高校出版专业师资队伍的学历层次越来越高,以博士和博士后为主,这些年轻的教师具有相对较高的研究能力和理论水平,但他们的缺点是"从一个校门走进另一个校门",鲜有在出版行业或新媒体行业工作过的经历,出版实务操作的层面和技能方面都没有足够的从业经历和实践经验,对于媒体融合发展、新兴出版产业的理解和认识都不深刻,甚至连出版运作流程的了解都相当欠缺,这无疑会导致在教学过程中理论教学与实践的脱节。高校虽然也会从出版行业引进专职或兼职教师充实教师队伍,但这样的比例极少,能够将实践经验转化成先进的理论知识的教师的比例更少,而且他们往往缺乏教学经验,理论知识水平和教学能力难以胜任教学岗位。

三、基于媒体融合发展的高校出版人才培养新途径

1. 积极转变融合出版人才培养理念

要解决当前出版人才培养过程中存在的主要问题,培养适应

媒体融合发展要求的新型出版人才,首先要主动转变出版人才培养理念,要结合媒体融合发展的现状和趋势以及学校的学科和专业优势,建立与媒体融合时代相适应的"协同融合型"人才培养理念。所谓"协同融合型"的人才培养理念,主要体现在新型出版人才培养过程中的各类"协同"和"融合",包括人才培养方式上的协同与融合、人才培养类型上的协同与融合等。比如,传统出版人才培养通常局限在各高校的相关二级学院,而媒体融合时代的出版人才培养更强调打破校内院系的界限,不同学院之间紧密协作,开设出版专业的相关学院可以与本校开设人文课程、计算机课程、互联网课程以及经济管理等课程的其他院系开展紧密协作,共同培养出版专业人才;传统出版人才培养通常将人才培养孤立于社会,而媒体融合时代的出版人才培养更强调打破校内外界限,与产业界紧密合作,培养过程与产业技术进步过程同步;传统出版人才的培养,对人才的知识、能力以及素质要求强调专注于出版领域,而融合出版人才的培养要求人才不仅具备出版领域的知识、能力和素养,还需具备计算机、信息技术、经济、管理、法律等跨学科、跨行业的知识、能力和素质,成为复合型的出版人才。

2. 创新学科专业和课程设置体系

媒体融合时代的出版产业不仅涉及传统出版专业知识,也涉及计算机、互联网、大数据、管理学、经济学等学科的相关知识;按照目前学科专业设置模式,将无法高质量地培养适应媒体融合发展的复合型出版人才。在媒体融合环境下,须通过学科交叉,融入上述互联网技术和相关学科,按主题重新设置学科专业,制订灵活的培养方案,构建动态的课程体系,实现跨界培养融合出版人才。在课程内容设置上,媒体融合环境下的出版专业课程设置可以分为专业类、基础类、模块类课程。专业类课程包括传统出版理论知识、互联网技术与传播技术等知识以及媒体运营与管理等知识;基础类课程包括计算机基础,出版方面法律法规知识、人文社科知识、自然科学知识以及职业素养知识等;模块类课程主要包括媒体融合发展最前沿的相关知识,以及结合市场需求的最新相关知识。除了开设与媒体融合发展相适应的学科知识以外,高校还需构建完善的实践课程体系。一方面要加强校内实践教育环节,高校需加强校企合作,深化产教融合,建立媒体融合环境下的出版实验室,通过引入企业真实项目和仿真系统,让学生掌握融合出版的全过程;另一方面,加强学生校外实践环节,建立企业实习基地,丰富学生工作经验,以此培养学生的实践能力。通过学校和企业双主体的育人模式,使学生掌握扎实的专业和基础知识,不断洞悉媒体融合发展的最新动向,了解和把握媒体融合相关技术,不断增强学生专业实践能力,培养更多适应媒体融合发展的复合型出版人才。

3. 加强"双跨型"师资队伍建设

在媒体融合发展的环境下,对于出版专业教师来说,专业知识重构、教学和实践能力再造是目前面临的主要问题。"双跨型"师资队伍是指跨学科知识和跨业界实践技能。高校出版专业教师必须掌握跨学科的知识,同时也要了解和掌握跨媒体的知识。要增强跨学科和跨媒体的意识,调整自己的知识结构。跨业界实践能力是指出版专业教师不仅要具备扎实的专业理论基础、丰富的教育教学经验和多元化的教学手段,还要有一定的产业实践经验和从业经历。目前高校在人才招聘上过于强调学历和职称,对教师的专业实践能力比较忽视。通过加强"跨业界"的师资队伍建设,可以建设一支既懂出版相关理论、又熟悉出版产业发展和媒体融合实践的高素质师资队伍。一方面,高校可以通过校企合作平台,建立高校教师定期去相关出版企业挂职实践的机制,让专业教师熟悉出版行业的最新动态和运作过程,了解媒体融合发展对出版产业的影响,增强专业教师对出版产业的感性认识,进而改变专业教师理论灌输式的教学方式,丰富其教学方式的多样性,增强课堂教学吸引力;另一方面,大力引进出版界资深专家担任专职或兼职教师。同时值得强调的是,企业专家也需要接受教育教学方面的培训,掌握跨学科知识,不断提高自身的教学能力。

4. 将"立德树人"贯穿人才培养全过程

出版业把社会效益放在首位的价值取向决定了出版人才必须具有坚定的社会主义核心价值观,然而在媒体融合时代,复杂的网络环境对学生正确价值观的形成造成了直接冲击,因此有必要将"立德树人"贯穿新型出版人才培养的全过程。专业教师在课堂上要将传授专业知识和基础知识与社会主义核心价值观教育融合起来,既教授学生专业之"术",也引导其专业之"道",实现高校出版专业教育德才兼备的育人目标。将社会主义核心价值观内涵中关于国家、社会和个人三个层面的价值理念潜移默化地带进出版专业相关教材和课程,以家国情怀引领出版专业人才培养目标,以社会担当明晰专业责任,以个人素养塑造职业品德。在实践教学环节中,将社会主义核心价值观融入其中,把核心价值观所要求的道德规范"内化"为个体意识,将"爱国、敬业、诚信、友善"的行为价值准则落实到出版专业学生的具体实践行为中,以良好的职业素养为推动媒体融合时代的出版产业创新发展保驾护航。

(杨扬、张文忠,发表于《编辑学刊》2021年第1期)

职业教育本科层次数字出版专业建设探索

数字技术革命给传统出版业带来了颠覆性的冲击,同时也对编辑出版人才提出了新的要求,大数据、虚拟现实、网页动画、音视频等数字技术在出版工作中的操作应用能力成为编辑出版人才的必备技能,由此对高校数字出版人才培养目标和专业建设的定位、方向、目标、层次、任务、内容等方面提出了新挑战。

据公开信息统计,当前我国约有28所本、专科高校开设了数字出版专业,为区域经济发展和出版产业转型升级提供专业人才支撑(见表1)。2019年,教育部正式批准本科层次职业教育试点,探索高端技术技能人才的长学制培养。区别于普通本科教育培养学术型人才、高职专科教育培养技术技能型人才,本科层次职业教育培养的是掌握一定的专业理论知识、同时具有较强的技术操作能力的高端技术技能型人才。在教育部职成司及新闻出版行指委指导下,以上海出版印刷高等专科学校牵头的一批高职院校正在开展职业本科层次数字出版专业试点准备工作,通过规划建设新的专业体系,积极探索数字出版高端技术技能人才培养模式。

表 1　数字出版专业开设院校与类型

学　校　名　称	类型	学　校　名　称	类型
北京印刷学院	本科/硕士	上海理工大学	本科/硕士
武汉大学	本科/硕士	苏州大学	本科/硕士
四川传媒学院	本科	曲阜师范大学	本科
河北传媒学院	本科	西北师范大学	本科
天津科技大学	本科	兰州文理学院	本科
中南大学	本科	西安欧亚学院	本科
金陵科技学院	本科	电子科技大学成都学院	本科
浙江传媒学院	本科	辽宁传媒学院	本科
重庆工商大学融智学院	本科	广西师范大学漓江学院	本科
西北民族大学	本科	深圳职业技术学院	大专
安徽新闻出版职业技术学院	大专	苏州工业园区服务外包职业学院	大专
上海出版印刷高等专科学校	大专	江西传媒职业学院	大专
广东轻工职业技术学院	大专	北京北大方正软件职业技术学院	大专
湖南大众传媒职业技术学院	大专	江苏城市职业学院	大专

一、职业教育本科层次数字出版专业规划建设的重点

规划专业体系及制订培养方案需要以满足行业对人才的需求为出发点,深化人才供给侧结构性改革,围绕人才需求,培养人才核心竞争力。因此,在规划建设职业教育本科层次数字出版专业时需要重点体现以下要求:

第一,坚持产业需求的人才培养导向。数字出版专业人才的从业行业与工作岗位范围已不局限于传统出版的领域,在行业方面覆盖了新闻出版、在线教育、影视动画、广告、游戏、互联网、电子商务等行业,核心工作岗位则包括数字内容作品设计与制作、复合型网络编辑、数字终端界面设计与制作、三维模型与动画制作、H5交互内容开发工程师等。由新闻出版行指委组织的2020年数字出版行业发展调研(以下简称"调研")数据显示,在技术与内容有机结合成为新型数字出版形态的发展趋势下,数字出版企业最需要的是技术制作人才(92.5%),其次是产品设计人才(83.5%),而传统出版所最为注重的内容策划与编辑人才(76.2%)排名第三,为职业本科层次数字出版专业的人才培养目标规划确定了方向(见表2)。

表2 数字出版企业人才需求类别与比例

数字出版企业人才需求类别	比例(%)
技术制作人才	92.5
产品设计人才	83.5
内容策划与编辑人才	76.2
资源整合人才	67.5
数据分析/管理人才	61.2
平台/产品运维人才	57.5
市场营销人才	53.8
高端领军人才	38.5
软件开发人才	31.2
综合性管理人才	26.2

续 表

数字出版企业人才需求类别	比例（%）
版权管理人才	13.7
一般行政人才	7.5

第二，坚持产教融合的人才培养方法。党的"十九大"报告中提出，"要完善职业教育和培训体系，深化产教融合、校企合作"。在职业教育与产业协同发展的背景下，深化产教融合、提升校企合作效能是职业教育本科层次数字出版人才培养方法的关键之举。高校通过与数字出版行业领先企业共同办学，完善理论学习与实践学习紧密结合的培养模式，以真实企业项目促进学生技术理论水平与应用能力水平的螺旋式上升，从而培养高端技术技能专业人才，解决人才培养与社会需求衔接难题，并以高层次人才培养反哺行业企业的高质量发展。同时，通过校企各方人、财、物以及无形资产等方面的资源优化配置，使学生在校学习期间能够获得企业的技术知识、生产管理经验及实习工作岗位。

第三，坚持高层次技术技能的人才培养定位。当下，数字出版高职专科生偏重技术应用学习，但知识深度不足使其一般较适合从事生产一线的技术操作工作；出版类普通本科生在深度学习编辑、出版、发行等传统出版理论的同时往往忽略数字类技术应用及项目实施能力的培养，造成学生在工作后不能立即学以致用，需要较长的岗位适应时间。而职业教育本科层次的数字出版人才要求理论和实践学习两手同时抓，既要拓宽包括编辑出版和数字技术在内的相关专业理论知识，让学生形成扎实的理论基础，从而让他们有更强的岗位发展能力；同时，通过产学研相结合的道路，让学生具备更强的实践能力及一定的创新能力,体现理论和技术技能并重的培养要求,并将技术员、工程师作为工作发展岗位目标。

第四,坚持专业能力与素质并重的人才培养规格。习近平总书记就加快职业教育发展提出"树立正确人才观,培育和践行社会主义核心价值观"的重要指示,而对担任社会主义核心价值观传播者或传播把关人角色的数字出版工作者来说,人才培养不仅需要围绕数字出版技术进步、生产方式变革、岗位工作要求培养怀有技术技能专长的劳动者,而且要坚定拥护中国共产党领导,在习近平新时代中国特色社会主义思想指引下,培养工匠精神、创新思维、团队合作和终身学习等职业素养,注重向具有高尚意志品德的优秀出版人学习,向思想深邃的优秀出版作品学习,坚定文化自信,弘扬公益精神,传播中华优秀文化,履行社会责任。

二、职业本科层次数字出版专业规划建设的难点

1. 缺乏本科层次职业教育的成熟经验

从国际范围内来看,本科层次职业教育在西方发达国家已经成了一种常规的办学形态,比如德国富特旺根应用科技大学(Hochschule Furtwangen)的数字出版专业是德国第一个举办并通过 ACQUIN 认证的职业本科层次专业,该专业典型的就业领域包括媒体出版企业、多媒体公司、广告公司、出版社、商业企业的营销部门等,成为德国乃至世界范围内数字出版职业领域的优秀人才培养基地。而我国直到 2019 年第一批 22 所学校开展本科层次职业教育试点,才开始将职业教育层次推向了新的高度,尤其对数字出版这门新设专业来说,首部高职专业教学标准 2020 年

才正式制订完成,职业教育本科层次的数字出版专业规划建设仍处于探索阶段,最多只能参照国外院校的部分做法,缺乏成熟经验指导。

2. 教师队伍要求的大幅提升

本科层次职业教育明确规定了教师队伍的要求,主要包括全校师生比不低于1∶18,具有高级职称的专任教师占比不低于30%、具有研究生学位的专任教师比例不低于50%、具有博士学位的专任教师比例不低于15%等。然而从当前职业院校的师资力量来看,截至2018年,我国高职院校师生比约为1∶25,专任教师仅有不到50万人。一方面是学历偏低,具有硕士以上学历比例不足20%;另一方面是缺乏企业实践经验,"双师型"教师占不足30%,且由于数字出版的互联网技术、数字技术及大数据技术不断发展,行业新模式层出不穷,要求教师知识结构年轻化的同时还要对行业发展具有深刻认识与理解,从而对教师队伍建设提出了严峻挑战。

3. 产教深度融合待进一步推进

本科层次职业教育不能脱离职业教育最重要的特点与优势——办学的开放性、综合性、灵活性,吸引行业优秀企业及专业人才积极参与教学培养工作;然而从现状来看,当下校企合作模式在实践过程中运行不够顺畅,实际效能发挥有限。从合作分工角度来看,目前学校通常只负责常规教学工作和一些力所能及的企业服务,一般不负担其他成本;而企业则需要负担各类显性和隐性成本如实训场地设备、原材料、学徒工资,以及日常管理负担增加和生产效率降低等,总体而言双方之间存在较明显的投入不对等状况。此外,学校的体制属性与管理机制在一定程度上导致了企业处于弱势地位,把企业当成学校教学的一个实习场所与师资提供方,影响了企业合作的积极性。

三、职业本科层次数字出版专业规划原则

1. 对接新职业,服务产业新业态

本科层次职业教育需要顺应新一轮科技革命和产业变革,面向产业发展中的新职业与新业态,实现更高质量、更充分的就业。当下,复合型网络编辑、数媒设计师、UI设计师、H5开发工程师、数字影像创意与设计师等一批数字出版相关的新职业新岗位正在不断涌现。同时调研显示,在2020年数字出版毕业生就业方向上,数字新媒体公司(28.7%)、数字展示/数字动画公司(17.4%)、网络科技公司(12.2%)占据了前三位,特别值得关注的是数字教育培训公司(9.5%)跃升至第四位,此结果显然与近些年在线教育的迅猛发展直接相关;加上教育行业巨大的市场体量,对数字出版人才的需求甚至超越了公关广告业。因此,在职业本科层次数字出版专业规划中,将重点关注这些全新的人才需求。

2. 强化实践教学,体现职业教育特点

职业本科层次数字出版专业培养方案应该由开设院校与企业共同制订,需遵循技术技能人才成长规律,在培养计划中实践教学课时占总课时的比例不低于50%,实验实训项目或任务开出率达到100%。通过实践实训学习,使毕业生了解行业发展趋势、职业发展方向与技术发展应用情况;了解数字出版企业的组织机构、岗位职能及管理制度等相关信息;熟悉数字出版产品的开发流程、生产过程、规范化管理方法;掌握中高端数字出版产品的开发、生产、

传播与营销各环节技术与服务相关的知识和技能；掌握数字出版相关技术设备与软件平台的使用方法；了解数字出版专业领域技术标准、行业的相关政策、法律和法规以及行业技术人员的业务素质要求和职业道德规范要求。

3. 有机衔接职业教育其他层次，推动贯通培养模式

本科层次职业教育的开展解决了我国职业教育局限在专科层次的"断头教育"问题，实现了中职、专科及本科三个职业教育层次的有机衔接，推动了人才培养的便捷、平顺升级。虽然近年来数字出版专业中高职衔接已经在一些院校得以实施，但在贯通培养中却常常呈现简单的学时"形式化升级"，既存在包括计算机基础、动画设计、音视频处理等内容范围及难度差异不大的课程设置，又存在部分课程缺乏连贯学习导致技术经验断档不能持续提升的现象，没有形成层次性、科学性的整体培养体系规划。为此，清晰界定职业本科层次与高职层次数字出版人才培养规格间的差异，继而准确制订满足职业教育贯通培养需求的培养计划及教学方案，是职业本科层次数字出版专业规划的重要工作之一。

四、职业教育本科层次数字出版专业建设路径

不论从当前数字出版专业人才需要还是职业教育发展规划来看，职业教育本科层次数字出版专业规划建设必将成为产业人才培养渠道的重要组成部分，从而积极推动数字出版人才供给侧结构性改革，实现复合型专业人才的高质量发展，提升人才竞争力。

1. 基于需求导向,准确制订培养方案

按照职业教育本科层次的培养要求,职业教育本科层次数字出版专业将培养具有良好的人文素养、职业道德和创新意识,精益求精的工匠精神,较强的就业创业能力和可持续发展的能力,掌握扎实的数字出版基础知识、基本理论和技术技能,对接产业新业态与新职业,具有互联网行业所需要的新理念、新知识和新技能,能够从事数字内容加工处理、网络编辑、数字出版物策划与制作、数字化营销运营,职业技术基础理论和实践操作技能兼具的高级技术技能型人才。同时,在制订具体培养方案时,合作企业深度参与培养方案制订全过程,由校企各方共同确认本科层次人才的目标岗位所对应的职业能力及素质要求,并由此规划课程、教学内容和学时分配。要求通过4年全日制学习完成至少165学分,实践性教学课时占总课时的50%以上,顶岗实习时间不少于6个月,从而构建专业人才核心竞争力。

2. 完善体制机制,推动产教融合

产教融合需要学校与企业在达成资源共享、合作共赢的基本共识下,双方在合作之初就明确规定各自的权利、义务和责任边界,做好顶层设计及运行管理安排,以此保障合作的持久性与深入性。在设计体制机制时,需要重视以下方面的内容:一是构建发展愿景。针对产业发展与企业发展的长期目标,抓住人才供给的关键点,有针对性地构建各级发展子目标并努力实现。二是坚持双赢合作理念。根据企业、高校双方对教育价值认同的理想追求,体现切合实际的、可实现可操作的合作思路,并创造合作共赢的各项条件,推动规范化合作。三是出台企业利益保障、合作运行规范等制度措施。从经费支持、平台搭建、管理制度等方面统筹兼顾,正视企业的利益诉求,保障企业获得利益的权利,提高校企双方合作的稳定性。

3. 引入真实项目,提升实践学习质量

本科层次职业教育的人才培养方案要由校企合作共同制订,课程内容对接职业标准,将新技术、新工艺、新规范纳入教学标准和教学内容。因此,为进一步提升实践学习质量,在人才培养过程中需要引入真实数字出版项目进行实践教学,由浅入深逐步提升技术应用能力水平。实践学习可以让学生从参与市场调研分析及收集相关的内容资料开始,并随着学习进度不断实践各类数字出版技术,练习真实项目的开发设计,熟悉项目制作流程与标准。学生进行项目实践学习时,由企业导师与高校导师联合负责指导,并选用自编项目实训教材,打破原有的先理论后实践的固定学习顺序,既可以先学习理论知识,再实践项目;也可以先在企业导师指导下实践项目,再学习知识、原理。要构建良好的软硬件实训环境,让学生在工作情境中做中学、学中做、边学边做、边做边学,在长期实践中提升自身专业能力,提高工作岗位的适应能力。

4. 打造高水平教学创新团队

培养高素质技术技能人才,离不开高水平的教师队伍。为有效满足本科层次职业教育的教师要求,除了加大力度招聘高学历、高职称并具有企业工作经历的教师外,更重要的是组织教师与数字出版行业领先企业对接,接受企业的技能培训。院校可以安排教师在数字出版企业的生产和管理岗位兼职或任职、参与企业产品研发和技术创新等,教师在企业实践结束后及时总结,把企业实践收获转化为教学资源。此外,本科层次职业教育还明确规定,来自行业企业一线的兼职教师必须占一定比例,承担专业课教学任务授课课时一般不少于专业课总课时的20%,因此,通过调动校内外教师配合的积极性和主动性,加强校企间教学培养对接,提升专业教学能力。

  5. 全面推进课程思政建设,提高立德树人成效

  全面推进课程思政建设是我国高等教育教学改革的重要任务,也是高层次数字出版人才培养的必然要求。2020年6月,教育部印发《高等学校课程思政建设指导纲要》,要求"课程思政建设工作要围绕全面提高人才培养能力这个核心点,在全国所有高校、所有学科专业全面推进,促使课程思政的理念形成广泛共识"。数字出版专业的课程思政,应当紧紧与新时代中国特色社会主义的文化背景相结合,宣传习近平新时代中国特色社会主义思想,把思政元素融入每一门专业课程中,深度挖掘提炼专业知识体系中所蕴含的思想价值和精神内涵,将课程知识点、能力点与我国历史发展与改革开放中模范人物先进事迹、公益精神和社会担当意识等思政元素结合起来。在实践类课程中,注重学思结合、知行合一,增强学生勇于探索的创新精神和善于解决问题的实践能力。

五、结语

  职业教育本科层次数字出版专业的开设,积极响应了习近平总书记提出的为党育人、为国育才使命,将加快培养一大批高素质技术技能人才,有助于服务区域经济发展和数字出版产业转型升级,满足人民群众追求更高层次和更高质量职业教育的愿望,缓解

教育不平衡不充分发展的问题,并进一步完善职业教育的层次结构,丰富高等教育内涵,提升职业教育的社会地位和吸引力,为中国出版业数字化转型升级提供"助推器"和"动力源"。

(朱军、张文忠,发表于《编辑学刊》2021年第7期)